城镇化

为所有人的美丽宜居城市：
迈向高质量的建设行动

《城镇化》编委会 主编

城镇化

Urbanisation | 城镇化思考者 |

为所有人的美丽宜居城市：迈向高质量的建设行动

联合主编单位

江苏省住房和城乡建设厅
江苏省推进城镇化工作联席会议办公室
江苏省城市科学研究会
江苏省城镇化和城乡规划研究中心

学术支持单位

中国城市规划学会

编委会

名誉主任	何 权
主　　任	周 岚　顾小平
副 主 任	刘大威　张 鑑　张 泉

顾问编委（按姓氏笔画排序）

王静霞　仇保兴　齐 康　吴良镛　邹德慈　周一星　郑时龄　崔功豪

编　　委（按姓氏笔画排序）

王兴平　石 楠　叶南客　叶祖达　吕 斌　苏则民　杨保军　吴志强
吴唯佳　吴缚龙　邹 军　张玉鑫　张京祥　张庭伟　武廷海　周志龙
周牧之　赵 民　施卫良　施嘉泓　袁奇峰　顾朝林　唐 凯　董 卫
樊 杰

执行主编	丁志刚
编　　辑	许 景　陈国伟　邵玉宁　庞慧冉　鲁 驰　姚梓阳　姜克芳
	徐奕然　仇婧妍
美术总监	杜 郡
美术编辑	王 珏　朱晓峰　王 茜
责任编辑	陆新之　焦 扬
责任校对	赵听雨

与我们互动

投稿邮箱	Urbanisation@uupc.org.cn
电话/传真	025-8679 0800
地　　址	南京市草场门大街 88 号 11 层江苏省城镇化和城乡规划研究中心
邮　　编	210036
官方网站	www.uupc.org.cn
微信搜索	江苏省城镇化和城乡规划研究中心

图书在版编目（CIP）数据

城镇化——为所有人的美丽宜居城市：迈向高质量的建设行动 /《城镇化》编委会》主编 . — 北京：中国建筑工业出版社，2020.1
ISBN 978-7-112-24672-4

Ⅰ.①城… Ⅱ.①城… Ⅲ.①城市化 - 研究 - 江苏 Ⅳ.① F299.275.3

中国版本图书馆 CIP 数据核字 (2020) 第 022143 号

城镇化——为所有人的美丽宜居城市：迈向高质量的建设行动
《城镇化》编委会 主编

中国建筑工业出版社 出版、发行（北京海淀三里河路 9 号）
各地新华书店、建筑书店经销
江苏大晋文化传播有限公司设计排版
南京互腾纸制品印刷有限公司印刷

开本：880 X 1230 毫米 1/16 印张：7½ 字数：300 千字
2020 年 4 月第一版　2020 年 4 月第一次印刷
定价：48.00 元
ISBN 978-7-112-24672-4
（35325）

版权所有 翻印必究
如有印装质量问题，可寄本社退换
（邮政编码 100037）

合作伙伴

清华大学建筑与城市研究所
INSTITUTE OF ARCHITECTURAL AND URBAN STUDIES

南京大学
NANJING UNIVERSITY

长三角城市群智能规划协同创新中心
CHINA INTELLIGENT URBANIZATION CO-CREATION CENTER FOR HIGH DENSITY REGION

东南大学
SOUTHEAST UNIVERSITY

能源基金会中国
ENERGY FOUNDATION

城市中国计划
URBAN CHINA INITIATIVE

城镇化思考者
版权所有 翻印必究
All Rights Reserved by Urbanisation
微信二维码

声明

1.《城镇化》所发文章仅代表作者观点，不代表编委会或编辑部立场。
2. 在征得《城镇化》和作者许可后，欢迎转载《城镇化》文章。
3. 凡作者向《城镇化》投稿，一经采用，均视为作者已许可《城镇化》使用该投稿作品的信息网络传播权，《城镇化》所支付稿酬中已包括许可使用该项权利的报酬。
4.《城镇化》转载作品，稿酬将寄付给作品所属编辑部或作者，若未收到，请及时联系我们。

编者语

古希腊哲学家亚里士多德说："人们为了生存来到城市，为了生活更美好而居留于城市。"千百年来，理想的城市居所是全世界的共同追求，在城镇化不同发展阶段，其内涵也在不断地丰富和发展。从 1976 年到 2016 年，联合国三次人居会议的主题从关注"解决基本住房问题"进而关注"人人享有合适住房及住区可持续发展"，再到通过《新城市议程》达成了"人人共享城市"的国际共识。

2019 年末我国城镇化率已达 60%，在快速城镇化进程中，城市面貌极大改变、人居质量显著提升。但也正因为"快速"，大规模建设行为同时进行，相互之间协调性不足，整体性、系统性不够，城市出现了千城一面、雨后"看海"、交通拥堵等诸多问题，应对突发事件的能力有待提升，老百姓生活配套不足、活动空间少、出行难等问题也尚未得到解决。以习近平同志为核心的党中央高度关注城市品质和人民生活质量的议题，明确提出建设未来没有"城市病"的城区。如何以人民为中心，治理"城市病"，保障公共健康，以存量空间的有机更新和建成环境的集成改善，打造兼具安全、包容、舒适、魅力、永续特质的美丽宜居城市是新时代城市建设工作中需探索和实践的重要议题。

建设为所有人的美丽宜居城市，为居民生产生活提供安全保障，发挥城市对于公共健康的环境支撑作用，聚焦群众最关心、最直接、最现实的民生问题，既是实践美丽中国目标的重要组成部分，也是回应人民群众对美好环境、幸福生活的期待。美丽宜居城市建设也与城市的经济竞争力、环境竞争力以及市民生活品质和人文精神的提升等方面密切相关，对城市经济社会发展起到重要的保障和促进作用，是城市生命力、吸引力和创造力的不竭源泉。

建设为所有人的美丽宜居城市，需要迈向高质量的建设行动。这些行动包含推进美丽宜居城市的系统建设，如优化住房保障系统、建设高质量的宜居住宅、提升城市魅力与活力、提高服务和设施的宜居支撑水平等；也包含推动地区美丽宜居的集成改善，如住区的综合整治和街区的整体塑造等。这些行动更需要所有人的共同努力，通过高效的社会治理，倾听每一个声音、聚集每一份力量、提高城市中居住的每一个人的福祉，倡导美丽宜居城市共同缔造。

我们的研究团队近年来先后完成了住房和城乡建设部以及江苏省多项科研课题与实践项目，参与了江苏全省美丽宜居城市建设试点相关工作。本辑内容基于团队长期的跟踪研究成果，对议题进行了较为系统的思考，同时结合国内外实践，推荐了相关城市的创新做法，与大家共同思考。在此特别感谢在本辑成稿过程中给予帮助的有关单位及个人。

2020 年 2 月

目录
Contents

Special Focus — 特别关注

006 新时代城市治理的实践路径探索
——以江苏"美丽宜居城市建设试点"为例　　周　岚　施嘉泓　丁志刚

006　新时代城市治理的实践路径探索

Cover Story — 封面故事

018 回归宜居城市建设的"人本逻辑"
024 通往老旧小区改造的善治之路
034 美好生活，一切"街"有可能
044 安得"优"厦千万间
054 城市的健身、调养与益智
　　——基础设施与美好生活
062 城市特色魅力走着"瞧"
070 "共同缔造"扬帆起航　　UUPC

018　回归宜居城市建设的"人本逻辑"

034　美好生活，一切"街"有可能

目录
Contents

International Perspectives 国际视角

082 智慧城市：数字技术打造宜居家园

麦肯锡全球研究院

089 通往宜居之路——全龄宜居住区建设解决方案

美国 AARP

082
智慧城市：数字技术打造宜居家园

Opinions 声音

094 高密度城市社区公共空间参与式营造

　　——以社区花园为例　　　　　　　　刘悦来

097 让孩子动手设计：

　　魏公街口袋公园儿童参与式设计探索　　唐　燕

101 提供可持续的公共品是宜居社区建设的根本性机制　申明锐

张京祥

097
让孩子动手设计

Observation 观察

104 城市步行环境与机动车停车专项调查

　　——以南京为例　　　　　　　　　　UUPC

112 上海市遗产社区的改造更新与社会问题探究　王甫勤

马瑜寅

104
城市步行环境与机动车停车专项调查

Forum 论坛

118 专家学者共话江苏宜居城市建设

新时代城市治理的实践路径探索
——以江苏"美丽宜居城市建设试点"为例[①]

□ 撰稿 周　岚 博士，研究员级高级规划师，江苏省住房和城乡建设厅厅长
　　　　施嘉泓 国家注册城乡规划师，江苏省住房和城乡建设厅办公室主任
　　　　丁志刚 研究员级高级规划师，江苏省城镇化和城乡规划研究中心副主任

改革开放以来，中国经历了世界历史上规模最大、速度最快的城镇化进程。从 1978 年到 2019 年，城镇化率由 17.9% 提高到 60.6%，城镇常住人口从 1.7 亿人增加到 8.3 亿人。在这史无前例的城镇化进程中，中国不仅没有产生大多数发展中国家普遍面临的贫民窟问题，相反还抓住城镇化的机遇极大地提高了全社会总体居住水平[②]；不仅解决了世界上最大规模人口的"住有所居"问题，还极大地提高了城市建设发展水平，改善了人居环境质量，走出了一条有中国特色的城市建设发展道路，彰显了中国特色社会主义制度的巨大优越性，也得到了联合国人居署等国际机构的高度认同。

同时也应看到，这种以土地、资源、环境为代价的快速城镇化产生了种种弊端，累积了诸多"城市病"问题[1]。因此，党的十八大以来，中央先后召开城镇化工作会议和城市工作会议，要求"着力解决城市病等突出问题，不断提升城市环境质量、人民生活质量和城市竞争力，建设和谐宜居、富有活力、各具特色的现代化城市"。党的十九大报告更是做出了"新时代我国社会主要矛盾是人民日益增长的美好生活需要和不平衡不充分的发展之间的矛盾"的历史性论断。

正是在这样的背景下，江苏率先提出开展美丽宜居城市建设试点，住房和城乡建设部给予积极支持并明确要求江苏通过"一个先行先试、三个探索[③]""为全面推进美丽宜居城市建设、建设没有'城市病'的城市提供可复制、可推广的经验"。试点工作得到了全省各地城市的积极回应，正在有条不紊地开展。

本文从新时代背景下推动城市建设发展方式转型和高质量发展切入展开讨论，围绕江苏美丽宜居城市建设试点的实践探索，从"问题的提出—系统的谋划—工作的推动"的逻辑，回答了"为什么做？""怎样做好？""如何推动地方实践？"等关键问题，介绍了从"我"做起推动城市建设发展方式转型、为高质量发展探路的初心，以及上下联动、改进工作、不断提高城市治理能力和提升城市治理水平的努力，旨在抛砖引玉，希望引发更多的理论思考和实践创新。

注：
① 文章由周岚、施嘉泓、丁志刚三人执笔完成，在工作谋划和实践推动过程中，邢海峰、顾小平、范信芳、刘向东、郭宏定、梅耀林、崔曙平、杨俊宴等同志多有贡献，在此一并致谢。
② 从 1978 年到 2018 年，全国城镇居民人均住房建筑面积从 6.7m² 跃升至 39.0m²。
③《住房和城乡建设部办公厅关于在江苏省开展美丽宜居城市建设试点的函》明确提出了"先行先试推进美丽宜居城市建设，探索美丽宜居城市建设方式方法，探索建立美丽宜居城市建设标准体系，探索美丽宜居城市建设政策机制"的试点任务要求。

1 问题的提出：推动转型和高质量发展的初心

江苏是中国改革开放以来发展最快的省份之一，也是中国快速城镇化的典型缩影。从 1978 年到 2019 年，江苏城镇化率从 13.7% 迅速增长到 70.61%，成为中国百万人口以上大城市密度最高的省份。在快速城镇化进程中，江苏针对城镇密集、人口密集、经济密集的省情特点，积极探索城市建设发展和人居环境改善之道，形成了丰硕的阶段性发展成果：累计获得的联合国人居奖城市、中国人居环境奖城市和国家生态园林城市数量全国第一，并保有全国最多的国家历史文化名城和中国历史文化名镇。

与中国城镇化快速发展阶段特征一致的是：江苏的城市也不同程度地存在快速城镇化进程中的发展粗放问题，以及发展相互不衔接、不配套、不协调问题，产生了诸如"雨后看海""马路拉链"、水体黑臭、环境污染、交通拥堵、绿色空间减少、公共服务不足等"城市病"。另一方面，伴随江苏进入城镇化持续稳定发展后半程，城市建设发展方式转型已势在必行。2019 年盐城响水事件的爆发以及 2020 年初新冠肺炎疫情的爆发，也警示我们城市发展方式的转型中，应对突发性安全和卫生事件的韧性能力提升是重要一环，这需要城市硬件设施的有力保障，更有赖于城市治理能力的全面提升。

但要改变经过改革开放多年摸索形成的思维惯式和发展方式远非易事，推动转型和高质量发展需要通过"全面深化改革"探索破题[2][3]。在新时代以人民为中心的高质量发展阶段，迫切需要明确一个持续发力的方向和抓手，探索一条符合中国实际、适应省情需要的城市建设发展转型之路。按照省委省政府提出的"高质量发展走在前列、做出示范④，是江苏省在新时代下义不容辞之责"的要求，有责任从"我"做起，为转型和高质量发展探路，寻找新时代提升城市治理能力和水平的实践路径，积极推动城市从为增长而发展，转向突出"以人民为中心"发展；从外延增量扩张为主，转向更加重视内涵品质提升；从习惯碎片化解决城市问题，转向强调推动城市系统治理。

注：
④ 为贯彻新发展理念，推动江苏高质量发展走在前列、做出示范，江苏省委十三届三次全会提出了"六个高质量"发展任务，即经济发展高质量、改革开放高质量、城乡建设高质量、文化建设高质量、生态环境高质量、人民生活高质量，其中"城乡建设高质量"是江苏高质量发展的重要组成和衡量指标。

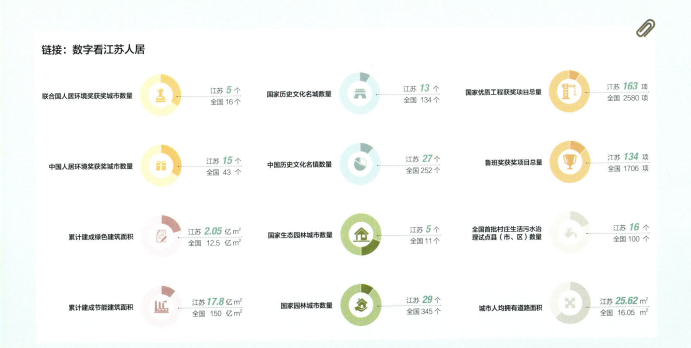

链接：数字看江苏人居

联合国人居环境奖获奖城市数量	江苏 5 个 / 全国 16 个	国家历史文化名城数量	江苏 13 个 / 全国 134 个	国家优质工程获奖项目总量	江苏 163 项 / 全国 2580 项
中国人居环境奖获奖城市数量	江苏 15 个 / 全国 43 个	中国历史文化名镇数量	江苏 27 个 / 全国 252 个	鲁班奖获奖项目总量	江苏 134 项 / 全国 1706 项
累计建成绿色建筑面积	江苏 2.05 亿 m² / 全国 12.5 亿 m²	国家生态园林城市数量	江苏 5 个 / 全国 11 个	全国首批村庄生活污水治理试点县（市、区）数量	江苏 16 个 / 全国 100 个
累计建成节能建筑面积	江苏 17.8 亿 m² / 全国 150 亿 m²	国家园林城市数量	江苏 29 个 / 全国 345 个	城市人均拥有道路面积	江苏 25.62 m² / 全国 16.05 m²

1.1 发展理念：从为增长而发展到"以人民为中心"发展

以人民为中心是中国共产党的根本立场。改革开放以来，党确立了以经济建设为中心的社会主义初级阶段基本路线，把发展作为兴国富民的第一要务，中国面貌随之焕然一新，实现了中华民族从经济上"富起来"的飞跃。根据中国特色社会主义进入新时代我国社会主要矛盾的变化，党的十九大突出强调了"以人民为中心"的发展思想，凸显了新时代中国特色社会主义的鲜明价值取向。

坚持以人民为中心，就是要围绕人民群众的切身感受去推动工作，这意味城市不仅是经济增长的中心，更是人民美好生活的家园[4]。习近平总书记在中央城市工作会议上强调，人民群众对城市宜居生活的期待很高，要把创造优良人居环境作为中心目标。这要求相应调整城市工作的重心和价值取向，即经济建设是发展手段而不是发展目的，发展目的是提升人民的获得感、幸福感、安全感。要把城市工作重心从招商引资、速度增长转变为为人民建设更加健康美好的生活家园[1][5]。

1.2 发展方式：从城市外延式增长到城市内涵式提升

当前，中国城镇化正在从依靠土地和人口资源红利的规模外延扩张转向重视内涵提升、依靠创新发展和服务升级[6]。城市治理的内容相应从"规模供给"转向"品质供给"，从对城市发展的增量管理为主，转向增量存量并重、并逐渐以存量优化为主，从支持大规模集中式建设为主，转向更加鼓励小规模渐进式有机更新，更加重视个性化设计、特色化建设和精细化管理[7][8]。

这种转变，既是经济增长动力转换的结果，也是土地资源发展约束的结果。从国际衡量标准看，反映土地与人口城镇化关系的城镇用地增长弹性系数一般应维持在 1 ~ 1.12 之间，而我国快速城镇化时期土地城镇化速度是人口城镇化的 1.85 倍，传统外延粗放的增长方式已难以为继。另一方面，快速粗放发展的过程中累积的"城市病"，也需要针对性逐步解决。因此，需要围绕百姓关注的"急难愁盼"问题，探索城市存量空间优化和人居环境改善的现实路径，逐步消除"城市病"，有序实现新城老区发展的平衡和协调，系统提升城市治理能力和水平。

链接：吴良镛先生论人居环境科学指导下的城乡空间整治和优化

两院院士吴良镛先生是我国人居环境科学的开创者，并因此获得国家最高科技奖。

关于人居环境科学指导下的城乡空间整治和优化，吴先生这样阐述："城镇化反映方方面面的建设，包括若干交错的系统，如建设系统、交通系统、河湖系统、农林系统、信息系统、文化系统等，但缺乏在空间上共同经营、做到各得其所的研究平台。宜将各个系统都投影到空间中，相互叠加、交联，成为一个开放的复杂的空间巨系统，进而开展人居环境科学指导下的城乡空间整治和优化。以此面对城乡统筹、生态的保护与修复、文化继承与创新等城镇化中的若干基础问题，创造有序、宜居的人居环境，尚有极大的研究探讨的空间。"

我们的目标是建设可持续发展的宜人的居住环境。——吴良镛

人居环境科学系统示意

1.3 工作方法：从碎片化解决城市问题到推动城市系统治理

在以速度增长为导向的发展年代，不仅累积了诸多"城市病"，也形成了以快为取向的就事论事解决问题方法和碎片化思维惯性，习惯于孤立地解决诸如住房、交通、绿化、地下管线等单项问题。这种工作方法解决了短期、眼前矛盾，但从整体看、长远看，造成了社会资源的浪费，也是城市治理能力不足的表现。典型如"马路拉链"，由于道路和水、电、气、通讯等各种地下管线的施工和维护不能协同联动，不仅造成公共资源浪费，还由于反复施工影响了城市交通和市民生活。因此，推动城市建设发展转型和高质量发展，需要从自我革新做起，不仅要大处着眼，还要小处着手，从每一件事情每一个项目的系统化思考谋划、集成化解决和精细化实施管理做起。

系统治理不仅是解决城市现实问题的需要，也是党的十九届四中全会明确的提高治理效能的首要途径⑤。习近平总书记也高度重视系统治理和系统思维，围绕全面深化改革，他曾经指出"要突出改革的系统性、整体性、协同性"[3]，"要坚持系统地而不是零散地、普遍联系地而不是单一孤立地观察事物，提高解决我国改革发展基本问题的本领"；围绕城市工作，他强调指出要"统筹生产、生活、生态三大布局，提高城市发展的宜居性"。因此在针对城市问题推进源头治理的同时，强化系统治理、综合治理，不仅是推动转型和高质量发展的需要，也是落实十九届四中全会精神、提高城市治理能力的必然要求。

注：
⑤ 党的十九届四中全会明确"系统治理、依法治理、综合治理、源头治理"是提高治理效能的重要途径。

1.4 实现路径：找寻新时代推动转型的综合抓手

按照国家和省委省政府部署，近年来江苏先后开展了一系列城乡建设专项行动，包括"城市环境综合整治931行动""村庄环境整治行动"，以及棚户区改造、保障房建设、老旧小区整治、建筑节能改造、黑臭水体整治、垃圾分类治理、易淹易涝片区改造、海绵城市建设、公园绿地建设等多个行动。这些针对百姓身边问题的专项行动，通过打"歼灭战"的方式取得了积极成效，也赢得了人民群众的支持和拥护。但由于专项工作多从条线思维出发，推动城市品质系统提升的综合集成效应不够。相对而言，内容比较综合的"城市环境综合整治931行动"和"村庄环境整治行动"社会效果更好，人民群众认同度也更高。尤其是2017年江苏在"村庄环境整治行动"基础上总结提升推出的"特色田园乡村建设行动"，社会反响综合最优⑥，它以人民群众可观可感的工作实绩呈现出乡村振兴的现实模样，提升了人民群众的获得感、幸福感和安全感。

实践的历程促使我们思考总结：思维系统性和工作联动性是提升城市治理绩效的重要方面[9]，而在针对问题导向基础上的目标导向与结果导向相融合，能够推动形成1+1+1＞3的整体合力。因此，应以系统化的思维强化城市建设发展转型的目标综合、资源整合、项目集成和一体化实施，以推动实现"高质量发展、高品质生活、高效能治理"的综合目标。从工作抓手角度，美丽宜居城市建设内容综合，紧紧围绕新时代人民日益增长的美好生活需要，具有解决"城市病"问题的目标导向和结果导向，这既体现了江苏城市建设发展转型的现实需要和内涵品质提升的阶段特点，也可以充分发挥城乡的二元互补性，与已实施的"特色田园乡村建设行动"一起，共同构成推动江苏"城乡建设高质量"的有力双手。

注：
⑥ 江苏特色田园乡村建设行动，围绕"特色、田园、乡村"三个关键词，通过整合升级原有农村建设发展工作和项目，打造特色产业、特色生态、特色文化，塑造田园风光、田园建筑、田园生活，建设美丽乡村、宜居乡村、活力乡村。江苏特色田园乡村建设，深挖了人们心底的乡愁记忆和对桃源意趣田园生活的向往，推动了乡村魅力和吸引力重塑，得到基层的积极响应，也广受社会好评，《人民日报》专题报道，《中国农业报》和《中国建设报》头版整幅介绍，中农办2017年专题调研，部分思路和做法写入了《国家乡村振兴战略规划（2018-2022年）》。

2 系统的谋划：多方参与讨论达成共识

要推动城市建设发展转型和高质量发展，既要有长远的战略眼光，实现"高质量发展、高品质生活、高效能治理"的综合目标，又要能够契合当前实际，有助于基层推动务实行动。为此江苏开展了大量工作，认真研究，反复推敲，工作中注重"三个结合"，通过多方参与讨论，推动达成最大社会共识和专业共识。

2.1 推敲酝酿：通过"三个结合"的共谋过程

一是基础研究和地方先行实践有机结合。一方面，认真学习习近平新时代中国特色社会主义思想，学习新发展理念和国家相关要求，并请专业单位开展相关研究，在掌握国际城市发展规律和趋势[10]、学习借鉴雄安新区等最新规划建设实践的基础上，研究提出发展思路和工作建议；另一方面，整合专项资金和相关资源，选择不同类型的样本地区，支持设区市和县市在城市街区尺度先行开展综合集成改善实践，通过地方先行实践更深入地调查了解群众意见和需求，开展城市问题体检和街区诊断，找准城市问题短板，发现现行工作方法模式和政策机制的不足，为城市尺度的工作推开积累一手经验。

二是专家咨询和相关部门意见有机结合。在基础研究和地方实践的过程中，多次召开研讨会和专家会，邀请来自清华大学、同济大学、南京大学、东南大学、台湾大学、中国城市规划设计研究院等高校与研究机构，以及中国城市科学研究会、中国建筑学会、中国城市规划协会、中国勘察设计协会、中国风景园林学会等国家级专业社团的专家学者，共同讨论中国城市建设发展转型的方向、举措、路径和切入点⑦。同时高度重视相关部门的意见和共识达成，过程中先后征求了省发展改革委、生态环境厅、自然资源厅、交通厅、文化旅游厅、民政厅等多个相关部门的意见。专家和部门的中肯意见和积极建议推动了工作思路的完善。

三是上级要求和基层反馈的有机结合。推动城市建设发展方式转型不是抽象的概念，而是下一步需要真实开展的务实行动。因此，工作的针对性、实施性和可操作性至关重要。一方面，深度跟踪地方的先行实践，不断发现问题、改进方案；另一方面，广泛听取各个实施主体和利益相关方的意见建议，包括市县政府、基层主管部门，以及街道与社区。同时加强与住房和城乡建设部的对接，住房和城乡建设部站在国家行业主管部门的高度，十分重视和关心江苏的率先探索，全过程给予了指导。

通过上下、多维的三个结合，宜居城市的概念逐渐清晰并聚焦。因为住有所居是十九届四中全会明确的国家基本公共服务制度体系的重要组成，住有宜居是人民群众安居乐业的最重要前提，经过改革开放40多年的努力，90%左右的城镇家庭已经拥有了自己的住房，住房已成为绝大多数城镇居民的最大宗家庭财产。围绕百姓反映强烈的身边问题，聚焦改善百姓的居住环境，就是从人民群众最关心最直接最现实的利益问题出发，增强人民群众获得感、幸福感、安全感的最有效方式。而随着中国社会的发展和进步，百姓对"更舒适的居住条件"需求已经从住房拓展至小区、住区、社区、街区，乃至城市，因此推动宜居城市建设是住房和城乡建设部门立足本职工作践行"以人民为中心"发展思想的实践要求。

同时，宜居也是世界各国共同的追求。在城镇化发展的不同阶段，宜居的内涵在不断发展和丰富[11]。从1976年到2016年，联合国人居署三次历史性人居会议主题从"解决基本住房问题"到"人人享有合适住房及住区可持续发展"再到通过《新城市议程》达成了"人人共享城市"的国际共识[12]。进入城镇化中后期，各国宜居建设的关注普遍从住房、住区拓展到更广域的城市范畴，并在对物质环境的改善上叠加了更多的人文关怀，努力推动城市可持续发展。因此，新时代的

注：
⑦ 江苏省住房和城乡建设厅于2019年2月16日和3月30日分别组织召开江苏宜居城市建设高层专家座谈会和宜居城市建设专家会，取得了建设宜居城市的学界共识。

链接：宜居城市的全球共识

2012 年召开的联合国可持续发展大会提出了主要成果《我们期望的未来》，这是对世界环境与发展委员会 20 世纪 80 年代发布的《我们共同的未来》的延续和回应。《我们共同的未来》首次提出了"可持续发展"的概念，而《我们期望的未来》则在可持续发展的基础上，提出了城市思维 (think urban) 的概念，提出精心规划和管理的城市，将有效地促进经济、社会和环境领域的可持续发展。

基于"可持续发展能否成功，取决于人们怎样管理和引导城镇化"的理念，城镇化、城市发展以及城市规划等逐渐进入联合国及各成员国的核心话题，并且提出了多元综合的城市发展目标：可持续、繁荣、公平、公正、平等和安全，"可持续发展"由此进一步聚焦于"城市可持续发展"(sustainable urban development)。

资料来源：石楠. "人居三"、《新城市议程》及其对我国的启示 [J]. 城市规划, 2017, 41(01):9-21.

联合国推荐的新城市范式

城市工作以宜居城市为切入点，符合国际上关于宜居内涵和外延不断丰富、多元包容的发展趋势，它涉及国家经济、政治、文化、社会、生态文明"五位一体"总体布局的各个方面，有助于推动"牵一发动全身"的转型发展。同时江苏也有基础、有条件、有责任担当，按照中央的一系列要求，以此为切入点推动高质量发展，最终实现习近平总书记提出的"建设未来没有'城市病'的城区"目标。

2.2 部省共识：美丽宜居城市建设试点的使命担当

对于江苏以宜居城市建设为切入点推动转型发展的系统谋划和先行探索，住房和城乡建设部予以了充分肯定和积极回应，认为它贯彻落实了新发展理念，集中反映了新时代中国高质量发展的要求，呼应了新时代人民群众的需求，这一工作还与贯彻落实习近平总书记生态文明思想以及关于"美丽中国"重要论述[3]紧密相联。在国家推动"美丽中国"的工作框架中，住房和城乡建设部负责推动美丽城市建设工作，因而希望江苏在全国率先开展"美丽宜居城市建设试点"。我们认为，"美丽宜居城市建设"的概念和内涵更加完整，同时体现了美好城市的形神兼备、内外兼修，也与住房和城乡建设部门围绕"住有所居"和城市建设等中心职能推动城市物质环境和空间品质提升、进而推动城市经济社会可持续发展的工作定位紧密关联。

省委省政府主要领导肯定了我们以"美丽宜居城市建设"和"特色田园乡村建设"联动推进落实"城乡建设高质量"发展的思路和谋划。省政府主要领导在我厅调研时特别指出，"美丽宜居城市建设要把当前和长远结合好，以人民为中心的发展思想贯彻好，要将省政府民生实事的落地实践与美丽宜居城市建设的长远目标紧密衔接起来，要和老百姓结合得紧密，做得让老百姓有获得感"。

因此，"美丽宜居城市建设试点"融合了国家要求和地方努力，融合了"美丽中国"建设的城市实践和百姓"住有宜居"的新时代使命，也是江苏高质量发展和"强富美高新江苏"建设的重要组成和典型表达。关于"美丽中国"建设，习近平总书记指出"我们要建设天蓝、地绿、水清的美丽中国，让老百姓在宜居的环境中享受生活"。美丽宜居城市同时连接起美丽中国实践和百姓宜居环境建设，是落实习近平总书记关于"把创造优良人居环境作为中心目标"要求的实践探索，也是落实总书记对我省"建设经济强、百姓富、环境美、社会文明程度高的新江苏"殷切希望的实践努力。

2.3 系统思考："三居递进、四美与共、五城相宜"

借鉴"特色田园乡村建设"围绕"特色""田园""乡村"三个核心概念谋划展开推动工作的思路，美丽宜居城市建设试点的谋划也围绕着"美丽""宜居""城市"三个核心概念展开，在群众意见调查、基层实践总结、国内外比较研究，以及专家意见咨询和部门意见采纳的基础上，总结归纳提炼，形成了美丽宜居城市建设试点围绕"三居递进、四美与共、五城相宜"目标愿景展开的系统思考。

围绕"宜居"的"三居递进"，是指安全包容的安居体系、均好共享的适居服务、绿色健康的乐居环境。安全包容的安居体系，强调的是政府基本公共服务"普惠性、基础性、兜底性"责任，要构建"人人有房住"的住房保障体系，针对性补上新市民住房问题短板，通过建立健全"多主体供给、多渠道保障、租购并举的住房制度，让全体人民住有所居"；均好共享的适居服务，强调的是以"完整社区"为努力方向⑧，按照"缺什么、补什么"的原则，通过有机更新补齐公共服务设施短板，提供均好共享的社区服务，推动基本公共服务均等化；绿色健康的乐居环境，强调的是为城市居民打造品质卓越的绿色宜居环境，倡导健康文明生活方式，建设适用经济美观的绿色建筑，不断丰富公园绿地的景观生态功能和社会服务功能，系统化推进海绵城市建设，形成舒适宜人、人民乐享的人居环境。

围绕"美丽"的"四美与共"，是指自然秀美、人文韵美、建设精美、生活和美。自然秀美，强调的是城市建设发展要尊重自然、顺应自然，以"山水林田湖草"为底界定城市开发边界，在此基础上大力推进生态园林城市建设，实施"显山露水"工程，以园林绿地系统有机串联城市，实现"让自然融入城市"，让百姓"望得见山、看得见水"；人文韵美，强调的是保护城市的历史文化记忆，保持城市的风貌特色，彰显城市的文化个性，让人们"记得住乡愁"，建设有历史记忆、地域特色、民族特点的美丽城市；建设精美，强调的是要以"一代人有一代人的使命"的责任意识，建设符合新时代"适用、经济、绿色、美观"建筑方针的精品建筑，推动精益建造、数字建造、绿色建造、装配式建造等新型建造方式，致力推动"让今天的城市建设成为明天的文化景观"；生活和美，强调的是城市是人民安居乐业的生活空间，通过城市建设精致化、城市管理精细化、城市治理人性化，塑造有序并包容、宜居且宜业的生活环境，努力把城市建设成为人与人、人与自然和谐共处的美丽家园。

围绕"城市"的"五城相宜"，是指安全城市、包容城市、舒适城市、魅力城市和永续城市。安全城市强调的是城市要为居民生产生活提供安全和健康的保障，能抵御或积极应对各种灾害和公共卫生事件，提高城市应急情况下的环境韧性。要加强城市工程质量监管、安防网络构建、防疫防灾空间建设和应急通道管理，推进海绵城市和韧性基础设施建设，提高城市消防抗震救灾和卫生应急能力。包容城市强调的是城市居民都有各得其所的多元化生活环境，都能均等地利用城市提供的机会实现自己的全面发展，都能公平合理地分享城市发展的成果。针对新市民的公共服务供给短板，要加快常住人口市民化进程，促进新市民的融入，要呼应老龄化社会和儿童友好城市的建设需求，营造全龄友好空间。舒适城市强调的是城市居民可以便捷享有完善和优质的各项服务，城市管理像绣花一样精细，要加强大数据、物联网、人工智能等现代技术与城市建设管理的应用融合，推进智慧城市建设，要提升市政基础设施建设质量，加大力度建设综合管廊，提高地下管网的容量和水平，建设公交优先和慢行友好城市。魅力城市强调的是城市形神兼备的吸引力，包括城市文化特色、环境品质和功能活力等。要加强对城市的空间立体性、平面协调性、风貌整体性、文脉延续性的管控，通过城市设计营建城市的艺术框架，用滨水蓝道、生态绿道、慢行步道、特色街道串联整合城市的

注：
⑧ "完整社区"的概念最早由我国两院院士吴良镛提出。吴良镛指出，人是城市的核心，社区是人最基本的生活场所，社区规划与建设的出发点是基层居民的切身利益，不仅包括住房问题，还包括服务、治安、卫生、教育、对内对外交通、娱乐、文化公园等多方面因素。既包括硬件又包括软件，内涵非常丰富，应是一个"完整社区"（integrated community）的概念。完整社区建设既包括创造宜居的社区空间环境，也包括塑造社区共同意识和凝聚力。

山水资源、历史地段和当代公共建筑,形成独特魅力的城市特色空间体系,并赋予时代文化活力,积极破解"千城一面"的状况。永续城市强调的是不仅要考虑当代人的需要,还要为未来子孙的发展留有空间,要从"我"做起建设节约型城市,推进资源节约型、环境友好型社会建设,全面推广绿色建筑和绿色建造[13],支持绿色交通和海绵城市建设,以3R⑨为目标加强垃圾分类治理和资源化利用,不断提升城市的可持续发展能力[14]。

同时需要强调指出的是,"三居递进、四美与共、五城相宜"是有机联系、辩证统一的整体,是从不同角度的解读,三者相互交织、互相推动。"三居递进"强调的是老百姓的居住需求,是美丽宜居城市建设的工作原点。从"安居"到"适居"再到"乐居",从住房到配套公共服务再到生活场所营造,努力为人民群众提供更舒适的居住条件,满足其由基本向高层次演进的居住追求。"四美与共"强调的是城市、人以及周边大自然是一个有机生命共同体,自然秀美、人文韵美、建设精美和生活和美是"美丽中国"在城市层面实践探索的"美美与共"的价值体现。"五城相宜"强调的是美丽宜居城市建设的综合愿景。"安全、包容、舒适、魅力、永续"五方面兼顾物质空间硬环境与经济社会人文软环境,符合人居环境科学和城市发展的世界共识,是国家"五位一体"总体布局在城市层面的具体落实。

注:
⑨ 3R 原则,是指垃圾处理的 Reduce(减量)、Reuse(复用)和 Recycle(再生),须通过垃圾有效分类实现。

美丽宜居城市建设的系统思考

3 工作的推动:地方多元探索的实践路径

在世界经历百年未有之大变局之际,党的十九届四中全会明确了"十三个坚持和完善"以进一步发挥中国特色社会主义制度的治理优势,同时也明确了要"满足人民对美好生活新期待""推动中国特色社会主义制度不断自我完善和发展"。

在国家全面深化改革、推动转型升级、实现高质量发展的关键阶段,需要的不是观望和等待,而是脚踏实地的务实行动,地方有责任先行先试,甚至"滚雷"探路,这也是应对挑战、赢得主动先机的积极方式。

3.1 实践的路径和逻辑

行动是最好的语言,实践是检验真理的唯一标准。再好的构想,需要通过实践的检验、通过实践的证实或证伪不断发展完善,也需要通过实践汲取群众智慧和基层创造性。

从认识论的角度,毛泽东同志曾深刻指出:"实践、认识、再实践、再认识,这种形式,循环往复以至无穷,而实践和认识之每一循环的内容,都比较地进到了高一级的程度。"目前,推动城市建设发展方式转型和高质量发展尚在努力的起步阶段,很多构想需要通过地方多元实践探索改革的方式方法,很多构想需要大量丰富的基层实践发展完善并展现现实模样,只要提高了人民群众的实际获得感,就能不断增强对美丽宜居城市建设实践的信心和期盼。

从群众路线的角度,实践也是检验"人民拥护不拥护、赞成不赞成、满意不满意的重要路径"。习近平总书记提出"时代变化了,但从群众中来、到群众中去的工作方法不能变"。党和国家的事业,说到底是人民的事业,要依靠人民来完成,要依靠人民的智慧,不断实现实践和理论创新,并让发展的成果更多地惠及全体人民群众。

从社会治理的角度,美丽宜居城市建设试点也是从人民群众最关心的身边居住环境入手、推动形成"人人有责、人人尽责、人人享有的社会治理共同体"的有效探索,是贯彻落实十九届四中全会"把尊重民意、汇集民智、凝聚民力、改善民生贯穿党治国理政全部过程之中"要求的积极实践。

3.2 先行的前期实践探索

2016 年,在全省各地老旧小区整治实践的基础上,针对老龄化社会的群众要求,江苏印发了《关于开展适宜养老住区建设试点示范工作的通知》,在全省推动既有住区适老化改造试点和新建适老住区建设试点,通过全省各地实践,建

从宜居住区走向宜居街区

 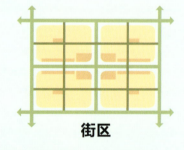

住区　　从围墙内走向围墙外　　街区

天津新村"街区设计节"活动

姚坊门"我们的街道"校园活动

成了 70 多个省级适老示范住区。2018 年，为拓展宜居住区实践的内涵，提出推进并完成了 120 个"省级宜居示范住区"建设，展现了通过有机更新实现存量改善、百姓安居宜居住区的现实模样。还推动了地方进一步深入研究，制定出台系统改善百姓宜居环境的规范性办法，如《苏州市宜居示范居住区评价办法》[10]。

2019 年，为延伸宜居建设实践的空间尺度，江苏以城市街道围合的街区（block）为基本单元开展"宜居街区"建设试点实践。街区包括住区和相邻的街道，以及紧密相关的生活设施和场所空间，例如步行可达的百货超市、绿地公园，临街的咖啡馆、书报亭等，是居民邻里交往最为密切的公共场所[15]，它联系着住宅与城市公共空间，是"围墙内私有空间"和"围墙外公共空间"的融合，是市民城市生活的基本单元。我们整合资源在全省选择了地方积极性高的 5 个城市街区进行集成改善实践，涵盖了老城中心区、历史地段、城郊结合部、外来人口密集地等不同街区样本，试点探索"跳出小区改造论小区改造"的办法。试点内容既包括住区的宜居建设，也包括与城市街道空间塑造的有机融合，以及小区物业管理和城市管理的无缝衔接，还关注从硬件改善扩展到软硬并举，从物质环境的改善到家园的共同缔造。总之，希望通过内容综合的实践，探索打破"墙"界、创造共享融合社区单元的办法和路径；希望通过系统化的集成实践，探索"实施一块即成熟一块"的城市基本单元有机更新、综合提升品质的办法和路径，为下一步宜居城市建设以城市道路围合的单元网格化灵活推进积累经验。

3.3 推动全省展开更加多元的实践

按照住房和城乡建设部 2019 年 7 月《关于在江苏省开展美丽宜居城市建设试点的函》的要求，经省政府同意，2019 年 11 月，我省下发了《关于开展美丽宜居城市建设试点工作的通知》，推动全省各地开展更加多元的美丽宜居城市建设试点实践，以从多个角度、多个地方落实"先行先试、三个探索""为全面推进美丽宜居城市建设、建设没有'城市病'的城市提供可复制、可推广的经验"。

基于先行的前期实践探索经验，江苏美丽宜居城市建设试点实践项目申报明确了四个原则：一是问题导向、民生优先，紧紧围绕群众身边的"城市病"问题，将美丽宜居城市建设目标与民生实事落地紧密衔接，努力提高居民对城市建设和民生改善成效的满意度；二是系统谋划、创新施策，坚持系统化思维，注重专项提升和区域集成相结合，整合城市建设各种资源，改革创新城市建设管理方式，不断增强工作的整体性、系统性和协调性；三是因地制宜、突出特色，根据不同城市、不同地区实际确定工作重点，强化个性化发展，注重彰显特色；四是多元参与、共建共治，坚持和完善共建共治共享的社会治理制度，坚持"美好环境与幸福生活共同缔造"，推动多元主体广泛参与，促进政府与社会助益互补，引导全民参与美丽宜居城市建设。

在具体试点实践项目的遴选上，一方面重视地方的多元探索和基层正在开展的城乡建设工作紧密相连。专项试点内容包括水环境综合治理、生活垃圾分类治理、城市公厕提标、地下管网升级、绿地系统完善、绿色交通建设、建筑品质提升、空间特色塑造、历史文化保护、住房体系完善、城市管理提升、社区治理创新、制度法规创新和完善等；另一方面，要求试点实践必须明显高于常规项目，要同时体现问题导向、目标导向和结果导向，既针对性解决百姓反映强烈的"城市病"，又推动建设人民生活其中、更具幸福感的美丽宜居城市。因此，推动的是在常规专项工作基础上的"宜居城市+实践"，如"绿色建筑+""海绵城市+""美丽

注：
[10] 《苏州市宜居示范居住区评价办法》于 2019 年 3 月正式出台，将住区分为 2000 年前的老旧居住区、2000 年至 2015 年间的既有居住区和 2015 年后的新建居住区三类。所有参与宜居居住区评价的项目必须满足居住区近一年内未发生重大环境污染事件、未发生重大刑事案件、无重大负面影响事件的"硬杠杠"。老旧居住区、既有居住区宜居评价内容包括了海绵城市、规划设计、安全保障、环境管理、人文关怀、物业服务等七个方面。

宜居小城镇+"等，强调的是从专业角度切入带动综合改善提升，探索集成提高城市宜居品质的方法和路径。

同时，为突出支持美丽宜居城市建设试点综合实践的价值导向，单独设置了"综合项目类"申报，明确鼓励在一定区域范围内，加强城市建设管理领域的目标综合、项目集成、资源整合，全方位提升人居环境，内容包括美丽宜居街区整体塑造和美丽宜居小城镇建设培育等。对于试点城市，明确要求"基础条件好、试点项目类型多的城市"方能申报，设区市试点城市需包含5个及以上专项项目、2个及以上综合项目，试点县（市）需包含3个及以上专项项目、1个及以上综合项目。试点城市应在组织实施试点项目的基础上，更加注重系统谋划、统筹推进美丽宜居城市建设工作，要探索美丽宜居城市建设方式方法，以城市体检工作为抓手，结合城市双修、城市更新、城市设计等工作，强化设计引领、创新设计方法提升和设计师支撑制度。试点城市还要探索建立美丽宜居城市建设标准体系，科学引导试点工作，不断提高城市建设水平，要探索美丽宜居城市建设长效机制，健全工作组织、资金引导、实施管理、公众参与、监督考核等政策制度，为建设试点工作持续推进提供保障。

美丽宜居城市建设试点申报工作得到了全省各地城市的积极响应，截至2019年底，全省共有228个试点项目申报，其中专项类项目159项、综合类项目47项、试点城市申报20个，实现了13个设区市的申报工作全覆盖。

特别需要指出的是，美丽宜居城市建设的试点实践，是从住房和城乡建设系统的转型思考出发，但要求不局限于系统内部，重视的是"系统治理、依法治理、综合治理、源头治理"的地方集成实践。从试点城市的地方政府申报情况看，反映出它们以美丽宜居城市建设为综合抓手，全面推动城市经济社会发展和竞争力提升的目标。如南京、扬州申报提出以空间特色塑造提升城市的文化、旅游形象，完善城市的综合服务功能；常熟提出以既有建筑的更新改造，盘活闲置资源，提速产业结构升级，为推动城市高质量发展提供支撑等。

3.4 地方实践的跟踪和完善："改革在路上"

"美丽宜居城市建设试点"是一个改革破题、动态完善、不断提升的实践过程，未来美丽宜居建设试点经验和模式方法的形成，有待于江苏各地渐次深入的创新创造和发展完善。在自2020年起的未来3年工作中，江苏将围绕美丽宜居城市建设试点示范，加大资金、技术、政策等方面的支持力度，推动地方政府通过全面深化改革破题探路，同时支持集成实施试点示范项目，形成一定试点经验和试点形象进度，通过省政府现场推进会的方式进一步推动全省各地的更大力度实践创新。

我们将用推进美丽宜居城市试点建设的工作初心和推动体制机制改革的初衷，检视、跟踪、思考地方多元实践的全过程，加强对试点城市、试点项目和试点地区的技术指导，根据地方深入实践的"试对"或"试错"结果，及时修改完善《江苏省美丽宜居城市建设指引》和《美丽宜居城市实践案例集》，通过"实践、认识、再实践、再认识"这样循环往复的过程，推动城市建设发展方式转型和高质量发展的实践渐次深入开展，以实际行动不断提高新时代人民群众的获得感、幸福感、安全感。

链接：疫情反思下的城乡建设领域关注热点

疫情相关城乡建设领域观点高频词

注：
通过中国知网、微信等检索的2020年223篇相关文章标题汇总统计。

4 结语

本文讨论了江苏推动城市建设发展方式转型和高质量发展的初心和努力,旨在新形势背景下探索贯彻落实中共中央国务院《关于进一步加强城市规划建设管理工作的若干意见》的实践路径和综合抓手。也许思考问题角度不尽准确,工作推进方案不够完善,但我们的立足点是以实干行动具体落实习近平总书记提出的"只争朝夕,不负韶华"要求。

我们庆幸的是赶上了中华民族发展的最好时代。当年盛世大唐,杜甫在《茅屋为秋风所破歌》写下了"安得广厦千万间,大庇天下寒士俱欢颜,风雨不动安如山"的著名诗句,如今中国人千百年的居住梦想已经在今天的社会主义中国基本实现。在中华民族"两个一百年"目标的奋斗进程中,我们希望能够通过"美丽宜居城市建设试点"实践探索,推动实现"千年梦圆新时代,乐享美丽宜居新家园"的人居梦想升级版。同时通过和"特色田园乡村建设"行动的联动,扎实推动"守中华文化之根,塑造特色田园乡村;展神州时代风采,建设美丽宜居城市;以人民为中心,推动城乡融合,实干织就江苏城乡建设高质量发展'双面绣'的务实行动"。

参考文献

[1] 吴良镛. 明日之人居 [M]. 北京:清华大学出版社,2013.
[2] 习近平谈治国理政:第一卷 [M]. 北京:外文出版社,2014.
[3] 习近平谈治国理政:第二卷 [M]. 北京:外文出版社,2017.
[4] 吴良镛. 吴良镛论人居环境科学 [M]. 北京:清华大学出版社,2010.
[5] 杨保军. 城市要从经济增长'机器'转向美好生活家园 [EB/OL]. (2017-12-14) [2020-01-12]. http://www.nbd.com.cn/articles/2017-12-14/1171159.html.
[6] 李晓江. 城镇化进入"下半场"需意识到三个根本性变化 [EB/OL]. (2018-06-05) [2020-01-12]. http://www.nbd.com.cn/articles/2018-06-05/1223283.html.
[7] 程泰宁,王建国. 中国城市建设可持续发展战略研究报告 [R]. 中国工程院 2017 年度重大咨询研究项目,2019.
[8] 崔愷. 存量发展中的城市设计——跨界思考与实践 [C]. 2019 年中国城市规划年会大会报告.
[9] 王蒙徽,李郇. 城乡规划变革:美好环境与和谐社会共同缔造 [M]. 北京:中国建筑工业出版社,2016.
[10] 周岚、韩冬青等. 国际城市创新案例集 [M]. 北京:中国建筑工业出版社,2019.
[11] 张文忠. 中国宜居城市建设的理论研究及实践思考 [J]. 国际城市规划,2016, 31(05): 1-6.
[12] 石楠. "人居三"、《新城市议程》及其对我国的启示 [J]. 城市规划,2017, 41(01): 9-21.
[13] 仇保兴. 城市老旧小区绿色化改造——增加我国有效投资的新途径 [J]. 城市发展研究,2016, 23(06): 1-6, 150-152.
[14] 周岚,张京祥等. 低碳时代的生态城市规划与建设 [M]. 北京:中国建筑工业出版社,2010.
[15] 王建国. 包容共享、显隐互鉴、宜居可期——城市活力的历史图景和当代营造 [J]. 城市规划,2019, 43(12): 9-16.

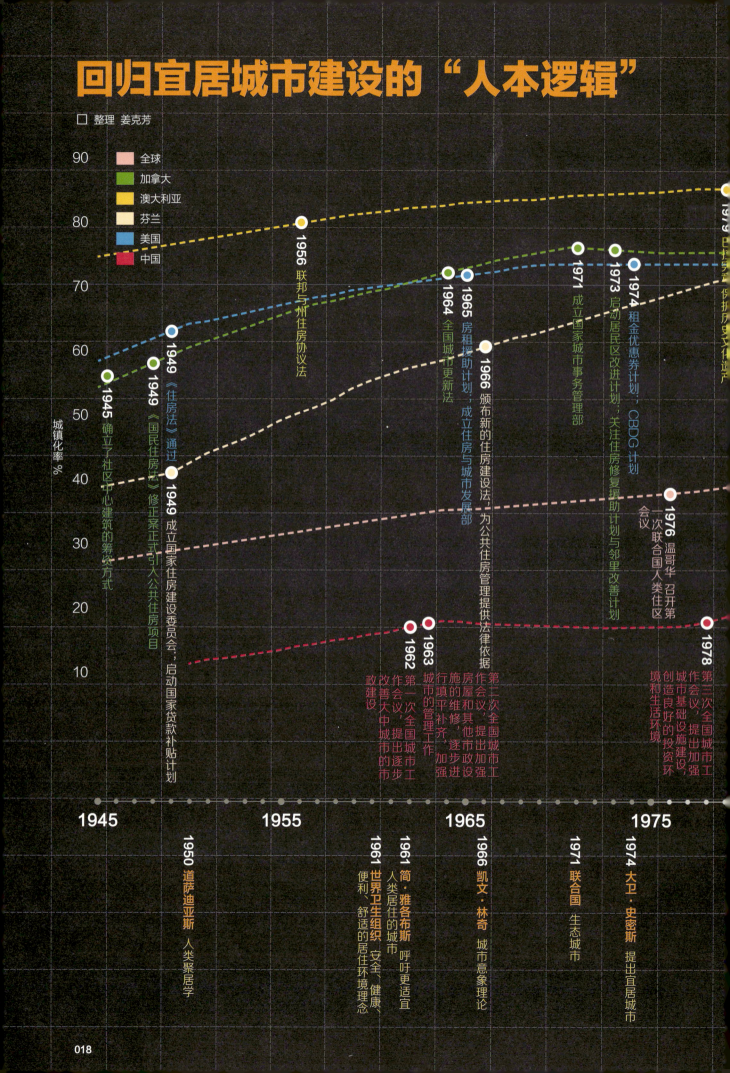

宜居城市建设的全球共识

宜居城市是现代人文关怀的体现，是对人性和人的价值的肯定，是城市发展进入高质量阶段的必然诉求。"二战"后，伴随城市重建工作的大规模开展和全球城镇化进程的快速推进，宜居城市建设从住区逐渐拓展到与不同尺度的城市建设相结合，从西方社会逐渐拓展到世界各国的共同实践。进入城镇化中后期，各国宜居城市建设的重点普遍从对物质环境的改善转向对人文关怀的提升，推动以人为本的宜居城市建设在全世界已形成广泛共识，成为21世纪新的城市观。

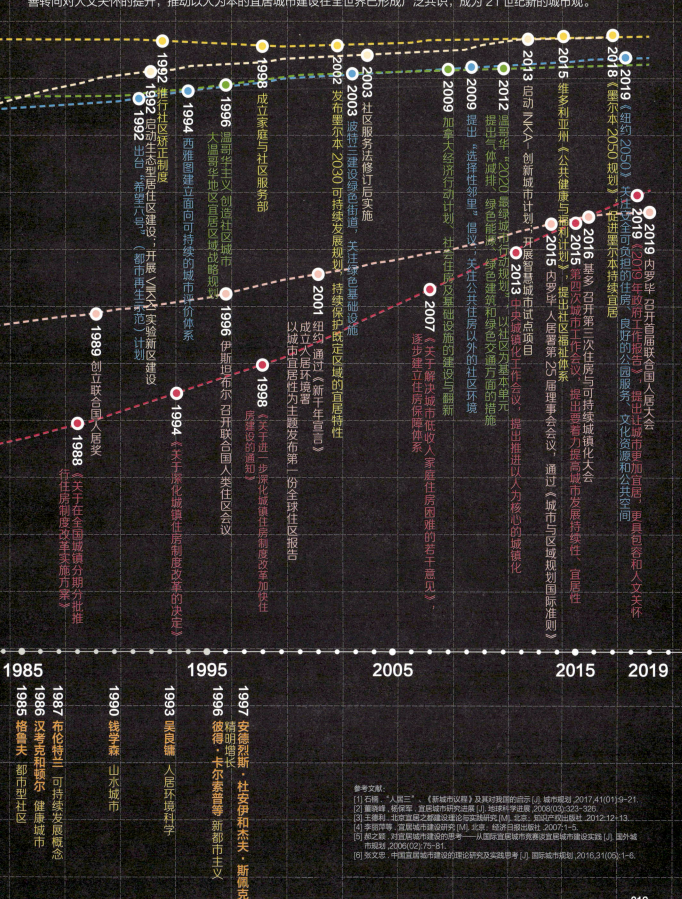

参考文献：
[1] 石楠．"人居三"、《新城市议程》及其对我国的启示 [J]. 城市规划, 2017,41(01):9-21.
[2] 董晓峰, 杨保军. 宜居城市研究进展 [J]. 地球科学进展, 2008(03):323-326.
[3] 王德利. 北京宜居之都建设理论与实践研究 [M]. 北京: 知识产权出版社, 2012:12-13.
[4] 李丽萍等. 宜居城市建设研究 [M]. 北京: 经济日报出版社, 2007:1-5.
[5] 郡之颖. 对宜居城市建设的思考——从国际宜居城市竞赛谈宜居城市建设实践 [J]. 国外城市规划, 2006(02):75-81.
[6] 张文忠. 中国宜居城市建设的理论研究及实践思考 [J]. 国际城市规划, 2016,31(05):1-6.

从"人居一"到"人居三"的宜居内涵变迁

面对城镇化进程中遇到的不同问题，宜居内涵在不断地发展和丰富。1976年，联合国第一次人类住区会议（"人居一"）举办时，全球城镇化率为38.0%，为快速增长的城镇人口提供住房及其基础设施是人们关注的核心议题；1996年，联合国第二次人类住区会议（"人居二"）举办时，全球城镇化率为45.1%，推动公众参与、增强地方政府作为、建设可持续的住区成为应对环境与人文挑战的选择；2016年，联合国第三次住房与可持续城镇化大会（"人居三"）举办时，全球城镇化率为54.4%，以治理、规划、管理方式的转型推动城市向以人为本、兼具包容性的方向发展成为普遍共识，"社会包容、规划合理、永续再生、经济繁荣、特色鲜明、安定安全、卫生健康、成本合理、区域统筹"成为城市发展的新范式。

人居一

主要成果：
- 发布《温哥华宣言》；
- 使得各国政府认识到人类住区和城镇化是全球性的议题；
- 促成联合国人类居住中心成立。

《温哥华宣言》的核心观点：
1. 社会经济的发展需要制订空间战略计划和人类住区政策；
2. 拥有合适的住房及服务设施是一项基本人权，实现人人有屋可居是政策的一项义务；
3. 真正的住区政策需要保证所有人的有效参与；
4. 为了实现人类住区发展的社会经济以及环境目标，应把重点放在实际的设计和规划工作上。

人居二

主要成果：
- 发布《伊斯坦布尔宣言》《人居议程：目标、原则、承诺及全球行动规划》；
- 提出"人人享有合适的住房"的目标，讨论了"全球城镇化进程中可持续的人居发展"，并提出可持续人类住区的概念；
- 达成了对于城市及城镇化的新认知：城市是全球发展的重要引擎，城镇化对于全球而言是一个重要机遇，呼吁加强地方政府的作用，并且承认公众参与的积极作用。

《人居议程》的核心观点：
1. 增加住房供应：多种方式增加可负担住房供应，修缮与维护现有住房，为住房和社区发展提供融资渠道；
2. 建设可持续的人类住区：改善人类住区环境基础设施，改进教育机会、就业机会，推动非正规住区的改造及既有用地的再开发，推动节能技术与可再生能源利用，保护历史、文化和自然遗产，预防重大灾害发生，控制重金属等污染；
3. 增强公众参与，使公共、私营和社区部门所有的主要行动者能够在住区和住房方面发挥有效作用；
4. 建立住房和住区的融资机制；
5. 加强地方政府职能与能力，调动其积极性。

联合国人居署迪拜国际改善居住环境奖评选标准	联合国全球幸福指数报告的幸福感标准	国际标准化组织城市可持续发展指标	大伦敦幸福指数评分指标	《大温哥华宜居区域战略规划》内容要点	《经济学人》杂志宜居城市评选	《财富》杂志宜居城市评选	美世全球城市生活质量排名指标[1]	浅见泰司居住环境指标[2]	
男女平等与社区包容居住环境改善	文化多样性和包容性	庇护所	家庭	建立完善社区	稳定性	住房	住房情况 政治与社会环境 社会文化氛围		包容
合作关系可持续发展领导能力与社区作用创新及其可传播性	环境 社区活力	环境 治理 固体垃圾 城市规划 废水	环境 社区	保护绿色区域		气候与邻里关系	自然环境	可持续性	永续
	健康 教育	健康 通信与创新 交通 水与卫生 教育	健康 交通 教育 子女	建设紧凑都市 增加交通选择	基础设施 医疗保健 教育 文化与环境	生活质量 教育 文化娱乐设施	城市可供应消费品 医疗保建设施 公共服务设施与交通 娱乐设施 学校与教育	便利性 舒适性 保健性 教育	舒适
	生活水平 时间	经济 财政		经济保障		财务状况		经济发展环境	经济
		管理	能源 火灾与应急响应 安全	安全				安全性	安全
			内心幸福感	休闲					魅力

从国际组织 / 城市 / 杂志 / 研究机构 / 学者对宜居城市的评价维度看宜居内涵

注：
[1] 由世界上最大的人力资源管理咨询机构美世咨询（Mercer）发布。
[2] 东京大学空间情报中心主任及教授浅见泰司在其代表著作《居住环境：评价方法与理论》中提出的居住环境评价体系。

人居三

主要成果：
- 发布《新城市议程》；
- 认为城市化是可持续发展的内生源泉，也是社会整合和实现公平的工具；
- 提出从推动城市转型发展入手，以系统化的思路解决城市问题；
- 将联合国多年倡导的包容、可持续、合作融入应对挑战的行动中。

《新城市议程》的核心观点：
1. 城市发展方式转型是可持续发展的关键：城市的规划、融资、开发、治理和管理方式等需要向社会包容、永续再生、经济繁荣、特色鲜明、安定安全、卫生健康、区域统筹等方向转型；
2. 包容性成为基本价值观：规划必须正视城市社会的系统性、复杂性，其首要目的就是要提高社会包容性和凝聚力，即努力实现机会均等、参与共享、分配公正；
3. 公共空间是创造城市价值的首要因素：通过合理的街道形式、道路连通性、开放空间配置、紧凑混合的街区布局，促进社会融合互动，提升城市的文化内涵；
4. 建立城市治理的基本框架：构建不同部门、层级、区域、时间和规模的协同关系，提倡部门层级之间、政府与社会之间、城乡之间以及利益相关方之间的伙伴关系；
5. 规划的作用不可替代：将规划作为城市治理新范式的核心要素，认为其能够促进地方民主、参与度、包容性、透明度以及问责制。

宜居城市的"中国话"：美丽宜居城市

我国改革开放40多年来的快速城镇化进程中，城市面貌极大改变、人居质量显著提升。但也正因为"快速"，大规模建设行为同时进行，相互之间协调性不足，整体性、系统性不够，生态环境欠账太多，城市出现了千城一面、雨后"看海"、交通拥堵等诸多问题，老百姓生活配套不足、活动空间少、出行难等宜居诉求也远未得到满足。以习近平同志为核心的党中央，多次提出要建设天蓝、地绿、水净的美丽中国，要提高城市的宜人性、舒适性、方便性和安全性，这充分体现城市建设要回归以人为本的基本理念。建设美丽宜居城市，既是实践美丽中国目标的重要组成部分，也是回应人民群众对美好环境、幸福生活的期待，更是中国特色社会主义理论指导下对宜居城市的本地化探索。如何以人民为中心，治理"城市病"，以存量空间的有机更新和建成环境的集成改善，打造兼具安全、包容、舒适、魅力、永续特质的美丽宜居城市是新时代城市建设工作中需探索和实践的重要问题。

2012年 11月　中国共产党第十八届中央委员会第一次全体会议

全面落实以人民为中心的发展思想，不断提高保障和改善民生水平。坚持把人民群众关心的事当作自己的大事，在幼有所育、学有所教、劳有所得、病有所医、老有所养、住有所居、弱有所扶上不断取得新进展。

2013年 12月　中央城镇化工作会议

城镇建设，要体现尊重自然、顺应自然、天人合一的理念，依托现有山水脉络等独特风光，让城市融入大自然，让居民望得见山、看得见水、记得住乡愁。

2014年 3月　《国家新型城镇化规划（2014—2020年）》

加快转变城市发展方式，优化城市空间结构，增强城市经济、基础设施、公共服务和资源环境对人口的承载能力，有效预防和治理"城市病"，建设和谐宜居、富有特色、充满活力的现代城市。

2015年 12月　中央城市工作会议

人民群众对城市宜居生活的期待很高，城市工作要把创造优良人居环境作为中心目标，努力把城市建设成为人与人、人与自然和谐共处的美丽家园。统筹生产、生活、生态三大布局，提高城市发展的宜居性。做好城市工作，要顺应城市工作新形势、改革发展新要求、人民群众新期待，坚持以人民为中心的发展思想，坚持人民城市为人民。

2016年 2月　《中共中央国务院关于进一步加强城市规划建设管理工作的若干意见》

城市规划建设管理的总体目标：实现城市有序建设、适度开发、高效运行，努力打造和谐宜居、富有活力、各具特色的现代化城市，让人民生活更美好。

12月　中央财经领导小组第十四次会议

在保持经济增长的同时，更重要的是落实以人民为中心的发展思想，想群众之所想、急群众之所急、解群众之所困，在学有所教、劳有所得、病有所医、老有所养、住有所居上持续取得新进展。

Cover story | 封面故事

2019年

中国共产党第十九届中央委员会第四次全体会议 — 11月
必须健全幼有所育、学有所教、劳有所得、病有所医、老有所养、住有所居、弱有所扶等方面国家基本公共服务制度体系，尽力而为，量力而行，注重加强普惠性、基础性、兜底性民生建设，保障群众基本生活。

中共中央政治局会议（2019年7月30日） — 7月
要稳定制造业投资，实施城镇老旧小区改造、城市停车场、城乡冷链物流设施建设等补短板工程，加快推进信息网络等新型基础设施建设。

国务院常务会议（2019年6月19日） — 6月
加快改造城镇老旧小区，群众愿望强烈，是重大民生工程和发展工程。重点改造建设小区水电气路及光纤等配套设施，有条件的可加装电梯，配建停车设施。促进住户户内改造并带动消费。要在小区改造基础上，引导发展社区养老、托幼、医疗、助餐、保洁等服务。推动建立小区后续长效管理机制。

《2019年国务院政府工作报告》 — 3月
城镇老旧小区量大面广，要大力进行改造提升，更新水电路气等配套设施，支持加装电梯，健全便民市场、便利店、步行街、停车场、无障碍通道等生活服务设施。新型城镇化要处处体现以人为核心，提高柔性化治理、精细化服务水平，让城市更加宜居，更具包容和人文关怀。

《住房和城乡建设部关于在城乡人居环境建设和整治中开展美好环境与幸福生活缔造活动的指导意见》 — 2月
以群众身边、房前屋后的人居环境建设和整治为切入点，广泛深入开展"共同缔造"活动，建设"整洁、舒适、安全、美丽"的城乡人居环境，打造共建共治共享的社会治理格局，使人民获得感、幸福感、安全感更加具体、更加充实、更可持续。

2018年

第十三届全国人民代表大会第一次会议 — 3月
要以更大的力度、更实的措施推进生态文明建设，加快形成绿色生产方式和生活方式，着力解决突出环境问题，使我们的国家天更蓝、山更绿、水更清、环境更优美，让绿水青山就是金山银山的理念在祖国大地上更加充分地展示出来。

《2018年国务院政府工作报告》
提高保障和改善民生水平。要在发展基础上多办利民实事、多解民生难事，兜牢民生底线，不断提升人民群众的获得感、幸福感、安全感。

2017年

《住房和城乡建设部关于加强生态修复城市修补工作的指导意见》 — 3月
将"城市双修"作为推动供给侧结构性改革的重要任务，以改善生态环境质量、补足城市基础设施短板、提高公共服务水平为重点，转变城市发展方式，治理"城市病"，提升城市治理能力，打造和谐宜居、富有活力、各具特色的现代化城市。

023

通往老旧小区改造的善治之路

□ 整理 姚梓阳

　　老旧小区量大面广，情况各异，老百姓的"急难愁盼"问题多。2015年12月，中央城市工作会议提出，要加快老旧小区改造。2019年《政府工作报告》、6月19日的国务院常务会议、7月30日的中共中央政治局会议等文件和会议均对城镇老旧小区改造工作作出部署，提出加快改造城镇老旧小区，群众愿望强烈，是重大民生工程和发展工程。在老旧小区改造过程中，要加强政府引导，压实地方责任，加强统筹协调，发挥社区主体作用，尊重居民意愿，动员群众参与；要创新投融资机制，鼓励金融机构和地方积极探索，运用市场化方式吸引社会力量参与；要推动建立小区后续长效管理机制。

　　老旧小区改造不仅是一个建设工程工作，更多的是一个社会治理、基层组织动员工作，需要发动老百姓共谋、共建、共管、共评、共享。在这个过程中，如何激发居民的公共意识？如何界定政府的工作边界？如何长效持续地推进改造？这些已然成为各城市在老旧小区改造浪潮中寻找适合本地的善治路径所必须回答的问题。

备受关注的改造与绕不过去的难题

善治（Good Governance）即达到最优程度的治理，旨在通过社会管理过程和管理活动实现公共利益的最大化。如何从强政府推动走向社会合作互动？如何建设有限但有效的政府？如何实现持续发展？都是实现善治的必经之路，也是构建现代化国家治理体系的关键要素。

从国家政策指导到地方意见实施，城镇老旧小区改造被反复提及，受到各方关注。在实践中随着改造的广度（覆盖面扩大）和深度（从重"面子"到重"里子"）拓展，各地面临的矛盾冲突越来越多，对善治构成了挑战。从理想的宜居家园到现实的改造实践，有三个现实难题亟待回答：

1 一问：如何激发居民的公共意识？

老旧小区类型多样，有单位宿舍、商品房、回迁房、房管所公房等。随着房地产市场化，住户迭代更替，住宅产权日益多元化，居住群体呈现老年人多、弱势群体多、外来人口多的特征。原先通过单位、老街坊等建立的公共群体关系逐步消解，而新的公共群体关系尚未形成，居民对小区归属感弱、参与改造的积极性不高。如何在改造过程中激发居民公共意识，进而提升老旧小区社会治理的公共性，是值得探讨的话题。

"房子是以前单位建、单位管的，自己从来就没操心过。现在要改造，随便他们怎么搞吧，只要不动我家，和我就没什么关系。"

居民甲

2 二问：如何界定政府的工作边界？

传统的老旧小区改造普遍采取"政府配菜、居民受益、政府埋单"的模式，此种政府大包大揽的模式存在着责任、权利、利益脱离的天然短板，也面临着政府角色错位、资金难以为继的问题。谁来改？怎么改？钱从哪来？这些问题的破解有赖于有效、精准的政策设计。

"是政府把我们小区列进改造名单的，那改造就得全部由政府来，而且要改到位，改得美。最好能把我们小区建得跟高档小区一样，房价涨上去我们最高兴。"

居民乙

3 三问：如何长效持续地推进改造？

在改造的工程项目完成之后，对老旧小区后续管理的疏于关注，往往导致改造成果昙花一现。为避免小区步入破败—改造—破败的轮回循环，需要建立长效管理机制，并回答下述问题：改造成果由谁来维护？如何确保持续维护？如何让老旧小区的物业管理从无到有？

"前几年改造的时候给我们小区建了个小游园。一开始是很漂亮，去的人也多。但是我们没物业没人来管啊，锻炼器材后来也坏了，没漂亮多久就被糟蹋了。"

居民丙

老旧小区改造工作动态

2017年底，住房和城乡建设部在厦门、广州等15个城市启动了城镇老旧小区改造试点。

老旧小区改造试点着重探索四个方面的体制机制。

一是探索政府统筹组织、社区具体实施、居民全程参与的工作机制。

二是探索居民、市场、政府多方共同筹措资金机制。按照"谁受益、谁出资"原则，采取居民、原产权单位出资，政府补助的方式实施老旧小区改造。

三是探索因地制宜的项目建设管理机制。强化统筹，完善老旧小区改造有关标准规范，建立社区工程师、社区规划师等制度，发挥专业人员作用。

四是探索健全一次改造、长期保持的管理机制。加强基层党组织建设，指导业主委员会或业主自治管理组织，实现老旧小区长效管理。

试点坚持以人民为中心，坚持问题导向，顺应群众期盼，先民生后提升，明确近远期老旧小区改造的重点和内容。并坚持因地制宜，精准施策，结合本地和小区实际，共同制定科学的改造方案。

截至2018年12月，试点城市共改造老旧小区106个，惠及5.9万户居民，形成了一批可复制可推广的经验。

15个城镇老旧小区改造试点城市工作情况

城市	老旧小区改造动态
广州市	2018~2020年计划推进779个老旧小区的微改造；出台《广州市老旧小区微改造设计导则》
韶关市	编制《韶关市区老旧小区改造项目清单居民选项表（菜单式）》
柳州市	把实施老旧小区改造列为市政府2018年十件为民办实事项目之一
秦皇岛市	2018年改造88个老旧小区，2019年计划改造72个老旧小区
张家口市	2018~2020年计划对128个老旧小区进行改造
许昌市	2018年改造119个老旧小区，2019年计划改造64个老旧小区
厦门市	运用"共同缔造"理念，建立"市级筹划、区级统筹、街道组织、社区实施、管线单位专人负责"的工作模式
宜昌市	已改造了城区400多个老旧小区中的217个
长沙市	2019年计划提质改造50个以上老旧小区
淄博市	2018年改造90个老旧小区，2019年计划改造40个老旧小区
呼和浩特市	对已改造老旧小区工程质量进行全面排查回访
沈阳市	2018~2020年计划改造796个老旧小区
鞍山市	2018~2020年计划改造123个老旧小区
攀枝花市	2018年改造9个老旧小区，2019年计划改造13个老旧小区
宁波市	整合改造内容，探索"最多改一次"

如何激发居民的公共意识？

在共建、共治、共享的社会治理格局中，居民主体性的成长、公共意识的激发十分重要。老旧小区老龄化程度较高、人口流动性较强，居民议事的组织基础较薄弱，公共意识缺失现象相对普遍。老旧小区居民的公共意识激发可从公共空间入手，从居民普遍关注、容易达成共识的问题入手，充分发挥组织的力量和示范的效用，丰富参与方法，创新参与手段，使居民在参与过程中，提升获得感，重构邻里互信互助的关系网络，增强对小区的认同感和归属感。居民的主动参与，需要长时间培育和发酵，并非短期即可达成的目标，但这是实现小区可持续发展的一条"似慢实快"的路径。

从共享信息开始，以问题带行动

首先从共享信息、发现问题开始，了解居民的关注重点和改造意愿。针对不同群体，充分运用小区宣传栏、意见箱、微信群等沟通方式，分享小区信息，鼓励居民发表看法，邀请居民监督评议。对于有条件的小区，可以探索互联网+公众参与的方式，让居民随时随地通过手机，标记指定位置，反映问题或提出改善建议，在线提交提案。

在发现问题的基础之上，通过"参与式设计工作坊"、居民议事会等形式，一起集思广益，凝聚空间和制度优化的共识，制定符合多方愿景的设计方案。

南京市沿河二村：在充分征求居民意见基础上的改造

南京市建邺区莫愁湖街道沿河社区沿河二村14栋和15栋之间，有一处闲置空地，在充分征求居民意见的基础上，被改造为儿童游乐场。游乐场用什么材料、摆放哪些设施、要不要有顶、多大的孩子可以进去玩耍等大大小小几十项问题，都是楼栋长、网格党支部成员充分讨论决定的。居民提出的种植好存活的植物、种植一些驱蚊虫的植物等建议都被采纳。

改造前的废旧车棚

改造后的儿童游乐场

资料来源：
鹿琳. 小区治理, 35个小微公共空间改造完成"微更新"撬动"大幸福" [EB/OL]. (2019-01-23) [2019-07-07]. http://dy.163.com/v2/article/detail/E686KQGT0514TTJI.html.

从改善邻里关系入手，以理解增认同

老旧小区人口的异质性和流动性减少了居民们交往和互动的机会，影响睦邻友好关系的形成。为增进居民对家园的认同感，需要弥合人际关系，织补社交网络，培养协作、参与、信任的小区精神。

充分发挥党建引领作用，鼓励对小区改造工作认知度高、协调能力较强的老党员、小区能人等居民代表，通过带头示范、志愿服务、化解矛盾等方式，加强协调，增进居民对改造工作的信任。合肥市皖东小区内一楼道路和中心花园的私搭乱建很多，改造过程中，如何动员居民拆除"自留地"，曾让工作人员颇为头疼。当时有位老党员主动提出把他家庭院围墙作试点，让大家直观了解改造后的效果，这样才让改造得以顺利进行。

开展小区邻里节、"好邻居赛金宝"等多元住区活动，增进居民交流，改善居民之间的关系，增进对共同家园的集体认同。通过以公共空间为集聚中心的社会建构，将空间与居民的认同联结起来，激活这一片区的邻里关系。而这种邻里关系又会投射到实体空间上，包括对公共设施的珍视、空间环境的改善、和睦邻里的营造等。

从改变环境到凝聚人心，以改造促自治

想让居民走出家门参与到小区改造建设中，关键在于找到一个能够让居民关心、有热情参与，并能在潜移默化中形成参与意识的入手点。楼栋外部的小区公共空间作为居民日常活动与交往场所，其改造过程可引导居民将目光从"小家"逐渐投向"大家"。同时，公共空间与群众利益密切相关，其改造较其他项目更能吸引居民参与，并且为居民共同参与活动提供可讨论、可动手、可看见、可使用的空间实体，进而依托相应的改造行动，成为居民情感寄托的空间符号。

居民自主设计、亲身参与改造过程，成为小区改造的实践者和受益者，有效增进了"主人翁"意识的形成。在此过程中，小区居民感受到共谋、共建家园的魅力所在，对参与小区改造有更高的热情。未能参与其中的居民，看到共同参与下小区环境的变化，也会心有所动。潜移默化之中，参与的意识逐渐在居民心中生根发芽，也凝聚了民心民力。

在楼栋外部的小区公共空间改造点燃居民热情、改善邻里关系的基础上，鼓励居民通过协商的方式，主动破除楼道负面因素，进一步提升楼栋内公共环境，实现从硬件改造的微更新到居民自治能力提升的微治理。

上海市贵州西小区："微更新"在潜移默化中促进邻里关系改善

贵州西小区是建于 20 世纪 20 年代的石库门小区，内有四个里弄。2017 年，该小区主要对楼栋外部的小区公共空间进行了"微更新"。2018 年底，贵州西小区开始了延伸到楼栋内部的新一轮"微更新"，居住环境和邻里关系的改善带来了部分居民的回迁。

里弄小区家中空间局促，不少居民私人空间都向楼栋公共空间扩张，居民之间长期形成了默契，东家占这里、西家占那里，不能轻易去打破。这次微更新不搞政府推动的试点，而是让住在一个楼栋的居民们自己去协商。当所有居民都协商好了，乱堆物都清理掉了，街道再"进场"。

微更新从改造小区环境、提高生活舒适度入手，潜移默化之间促进了邻里关系的改善。有个楼栋二楼有间四户居民合用的卫生间，在微更新中，四户居民提出，希望在卫生间增设一个淋浴房。施工人员实地查看后，发现有地方增设淋浴房，但出于排管技术考虑，燃气热水器必须安装在卫生间门外的墙壁上。卫生间外就是几家的公共厨房，门外的墙壁上挂满各家的橱柜，要安装燃气热水器势必要占掉一个橱柜的位置。有户人家的橱柜最靠近厕所门，他愿意让出橱柜，在这个位置安装热水器；另一户人家则提出，腾出自己家的一个橱柜，给这户人家作为"补偿"。大家有商有量，几户人家还制定了今后共同维护公共厨卫的公约。

小区花廊

居民在社区共享客厅内聚餐

楼栋微更新前后对比

资料来源：
[1] 唐烨. "居民不问什么时候旧改了！"微更新之后，上海这个石库门小区发生了这么多变化 [EB/OL]. (2019-05-16) [2019-07-07]. https://www.jfdaily.com/news/detail?id=151153.
[2] The MINI Clubman. 旧里新厅 / 梓耘斋建筑 [EB/OL]. (2019-03-29) [2019-07-07]. http://www.archdaily.cn/cn/913861/jiu-li-xinting-ziyun-zhai-jian-zhu.

如何界定政府的工作边界？

善政是通向善治的关键，要建设有限但有效的政府。在老旧小区改造中，政府可以从"台前包办"转到"幕后支撑和引导"，从为民做主、替民做主转变为引导居民自己做主，并探索相关的体制机制创新，为改造提供关键保障。

开展精细化菜单式改造

老旧小区的情况千差万别，在具体改造内容上不应"一刀切"，而应"对症下药"。聚焦居民关注问题，开展菜单式改造，实现从"政府配菜"到"居民点菜"、从"一厢情愿"到"你情我愿"的转变。可以进行基础类和自选类改造，其中基础类是必须改造的内容，如安防、消防等安全保障，水电气路及光纤等配套设施增补；自选类是在已实施基础类改造的前提下，根据居民意愿确定的改造内容。在北京老旧小区综合整治中，就针对楼本体、小区公共区域、完善小区治理等方面提出了基础类和自选类的改造整治菜单。

北京市老旧小区改造整治菜单（小区公共区域部分）

类别	改造整治内容		
基础类	拆除违法建设	完善公共照明	更新补建信报箱
基础类	绿化补建	增设再生资源收集站点	维修完善垃圾分类投放收集站
基础类	进行地桩地锁专项整治和清理废弃汽车与自行车		有条件的大型居住小区增建公厕
基础类	根据实际情况进行水、电、气、热、通信、光纤入户等线路管网和设施设备改造，架空线规范梳理及入地		
基础类	修补破损道路	完善安防、消防设施	无障碍设施和适老性改造
自选类	增建养老服务设施和社区综合服务设施	补建停车位及电动汽车充电设施	完善小区信息基础设施和技术装备

引入社会资本参与，探索受益者付费机制

政府大包大揽的改造模式，使受益者有着极强的依赖思想，对公共设施也往往不够爱惜，同时与"谁受益，谁负担"的原则存在背离。此外，政府全额投入的单一来源，随着改造范围的扩大和改造任务的加重，也将陷入难以为继的境地。

借鉴国外经验，在政府的引导之下，引入社会资本的参与，探索受益者付费机制，不失为老旧小区改造的一种长远路径。以日本东京的花田小区为例，其更新改造主要通过市场机制运行，同时充分结合了政府和民间力量。改造后的花田小区租赁价格由 29600~76700 日元（25~51m²）上涨到 36800~122600 日元（25~73m²），改造资金得以回笼，进而用于其他改造项目，这显示出市场机制和社会资本进入更新改造领域的巨大空间。

在明晰产权的基础上，厘清居民、产权单位、房屋管理单位、市场和政府的责任以及出资的边界，确定资金筹集责任主体。建立产权主体与市场主体共建共享机制，通过老旧小区公共资源的二次开发利用（如对改造产生的增量进行市场化运作、绿色能源合同管理、物业增值服务等模式），形成长效收益回报机制。在此过程中，政府一方面要扶持和鼓励社会资本的参与，另一方面也要建立科学有效的监管细则。

例如对于老旧小区改造中备受关注的加装电梯，就可以鼓励房地产开发企业、物业服务企业、电梯生产企业、电梯安装企业及社会组织等主体参与，按照"谁投资，谁受益""谁使用，谁付费"的原则依法探索租赁等新型模式。

我国台湾地区对老旧小区的消防安全保障

老旧小区道路狭窄，消防通道常被停车堵塞。我国台湾地区将政府作为老旧小区消防安全主体责任人，规定政府有强制执行权保障"红区巷道"（难以通行的老旧小区消防通道）畅通，并在红区巷道内划红线，严禁在红区巷道内停车。此外，还为符合条件的老旧小区免费配备住宅用火灾警报器，并协助安装。

资料来源：
何伟. 脆弱性视角下老旧小区消防风险治理问题研究 [D]. 华东师范大学, 2019.

资料来源：
整理自《北京市人民政府办公厅关于印发〈老旧小区综合整治工作方案（2018-2020 年）〉的通知》（京政办发 [2018] 6 号）。

北京市老旧小区综合整治建立受益者付费机制

北京市海淀区在老旧小区综合整治中，规定基础类项目资金由政府、产权单位、专业公司共同筹集解决，自选类项目资金可以由实施主体、产权单位、房屋管理单位、业主出资，也可以通过 PPP 等多种形式引入社会资本参与，推进改造实施和受益者付费机制的实现。部分自选类项目在政策范围内政府给予一定补助。

资料来源：
整理自《北京市海淀区人民政府关于印发本区 2018-2020 年老旧小区综合整治实施方案的通知》（海政发 [2018] 5 号）。

南京试点"租赁式"增梯模式

老楼加装电梯是众多家庭改善出行条件的梦想,但在实际操作中,资金筹措往往会成为一个现实瓶颈。南京从 2013 年就开始探索增设电梯,对增梯予以较大力度的财政补贴,并允许提取公积金和使用住宅维修资金用于加装电梯,创新探索了"租赁式"等增梯方式。

"租赁式"增梯在政府的支持下,充分发挥市场的主体作用,居民不需要一次性付清全款,而是分期缴纳租金。以玄武区樱铁村小区 35 幢 4 单元为例,居民按照楼层在 15 年内每年缴纳相应标准的租金(5~7 层住户每户每年租赁费分别是 2700 元、3200 元、3700 元),只管坐,不管建,也不管修。居民租满 15 年即可获得电梯产权。租赁期间,电梯的大修、维保等均由厂家负责。

"租赁式"增梯大大减轻了居民一次性支付的资金压力。由于是长期合同,电梯的维护、修理都有保障,居民也会更加放心。对电梯厂商而言,虽然前期需要垫资,但由于租赁期间电梯产权归公司所有,可以充分利用规模优势,开拓商业广告、智能项目开发、与第三方合作推出服务项目等多种业务。借此契机,电梯厂商也探索了新的经营方式和营利模式,达成了多方共赢的局面。

资料来源:
[1] 董婉愉. 分期付款减轻一次性支付压力 南京首部租赁电梯在樱铁村安装 [EB/OL]. (2018-08-22) [2019-07-07]. http://js.xhby.net/system/2018/08/22/030867639.shtml.
[2] 刘大山. 租赁电梯,创新解决民生痛点 [EB/OL]. (2018-11-09) [2019-07-07]. http://njrb.njdaily.cn/njrb/html/2018-11/09/content_518245.htm?div=-1.

"购买式"增梯与"租赁式"增梯情况比较

类型	"购买式"增梯	"租赁式"增梯
电梯产权	居民	前 15 年:电梯企业;15 年后:居民
居民出资费用	低楼层居民不缴费,高楼层居民按楼层系数分摊,每户一次性缴纳约 5 万 ~15 万元	低楼层居民不缴费,高楼层居民按楼层系数分摊,每户每年约缴纳 2000~4000 元租金
电梯电费、维修保养费用	居民	前 15 年:电梯企业;15 年后:居民

鼓励自主更新的以奖代补政策和资金支持

良好的制度设计能够引导和激发居民自己筹资、自主更新,释放促进老旧小区改造的触媒效应,常见的措施包括"以奖代补""资金支持"等。

"以奖代补"不同于直接提供财政补偿,而是对做得好的项目、活动予以奖励,以此鼓励居民改善小区的公共空间和环境,彰显资源和特色。在厦门,鹭江街道推出《鹭江街道旧城有机更新以奖代补实施办法》,思明区出台老城区私危房翻建解危的"以奖代补"办法。对符合《鹭江旧城有机更新总体风貌控制导引》中的风貌控制要求和设计风格的,在房屋立面改造和内部改造等项目上可以申请奖励;对改造后用途为居民自住或者发展当地特色业态的可以申请奖励。

"资金支持"征集居民对于小区改造的"金点子"并鼓励居民自己予以落实执行,旨在培养社区自治能力,激发居民主动改善小区环境的积极性。法国格勒诺布尔市设有专门的"居民参与基金",居民提出的改善社区想法(如举办一场小型展览等活动)被采纳后,市政府会拨款 800 欧元给居民自己执行。上海市杨浦区四平路街道的"四平空间创生行动"中,采取居民与街道 1:1 配比的资金投入方式。如抚顺路 363 弄 5 号楼底层原有一处闲置空间,12 户居民自主发起改造,每户出资 4000 元,共同商议、相互协调,将其改造为"居民会客厅"。街道予以每户 4000 元的资金鼓励和支持,保障了居民自发更新的落实。

如何长效持续地推进改造？

改造成果的维护需要久久为功，从根本上将改造与治理创新、居民素质提高相结合，使得各方力量形成伙伴关系。同时，也需要推行物业管理，探索建立适合老旧小区特点的长效管理机制。如此一来，老旧小区改造才具有持续的生命力。

培育内生力土壤，鼓励居民自觉维护

以改造为契机推动老旧小区治理的转型提升，把治理能力建设融入改造过程，形成自治新模式，从而打牢长效管理基础，巩固改造提升成果。从培育内生力土壤开始，逐步探索不依赖于外部投入的可持续运营之道。

前期参与改造、共建家园的过程，激发了居民的认同感和归属感，这有利于他们更加爱惜改造成果，主动自觉维护小区环境。一方面，可以通过居民内部讨论商定或居民公约的形式，建立公共设施、绿地、树木认领的长效管理机制。在厦门市前埔北社区，社区居委会联合共同缔造委员会、居民议事监督委员会和社区居民形成了《前埔北社区居民认领办法》，鼓励各方出资出力。

另一方面，也鼓励居民以志愿巡逻的方式进行后续的维护与管理。深圳富华社区丽景城小区有一支老年义工队，他们每天巡逻在小区的各个角落，遇到乱扔纸屑、随意晾晒、高空抛物等不文明行为，都会予以制止。

此外，还可以充分发挥公益组织、居民团体的积极作用。公益组织既可以开展丰富活动、调动居民热情，也可以通过专业知识和技能对公共空间进行运营维护。居民团体则充分发挥扎根小区、居民号召力强的优势，为维系改造成果注入持续动力。在上海鞍山四村社区花园"百草园"的营造中，社会组织四叶草堂在前期起带动作用，在后期不时举办社区公益讲座以提供支持；居民自发成立的社区组织"芳龄花友会"以及小朋友们组成的小小志愿者团队则是日常维护的主力；不需要聘请专职人员对"百草园"进行维护。

居民共同建设和维护社区花园

小朋友为植物自制名牌

图片来源：
黄尖尖. 社区小广场变身居民会客厅？改变来自建造一个花园 [EB/OL]. (2016-10-08) [2019-07-07]. https://www.shobserver.com/news/detail?id=32846.

厦门市前埔北社区居民认领办法（节选）

第三条 基本原则

　　1. 自愿参与原则。全社区居民均可自愿参加社区公共设施、绿地、树木等的认领活动，方式自选、资金自定。

　　2. 公益性原则。认领活动具有公益性，公共设施、绿地、树木等的性质、权属和功能不因认领关系的建立而改变。

　　3. 公开原则。认领活动及相关内容、实施成效等应向社会公开。

　　4. 长效管理原则。建立公共设施、绿地、树木认领的长效管理机制，确保工作得到持续、有序开展，同时建立认领管理档案。

第四条 内容和形式

　　1. 前埔健身公园新增石椅石凳的建设和管理；

　　2. 绿地、树木等的种植和养护；

　　3. 休闲石椅石凳、健身场地及乒乓球桌等公共活动设施的保洁维护。

第五条 认领主体

　　1. 认领主体可以是个人、家庭、社会团体或单位。

　　2. 认领者可以单独出资出力，也可以自发或由居委会协调多人共同认领。

　　3. 鼓励学校和青少年学生积极参与认领活动，可以以学校、班级、少先队组织和共青团组织的名义，也可以以学生个人或家庭的名义参加认领活动。

第八条 权利和义务

　　1. 认领者可以悬挂认领标志的形式为认领对象冠名，标牌由社区统一制作。

　　2. 认领者有权了解认领对象的情况，在专业人员的指导下养护，认领者可以监督设施的管理和维护。

　　3. 认领者应积极配合社区居委会和相关单位，按照约定尽到认领责任，同时不得擅自在公共设施、绿地、树木等增设标识、标牌等。

资料来源：
胡雅琼. 牵引共治：强国家下的城市社会发育 [D]. 华中师范大学, 2016.

整合多方资源，形成改造共同体

老旧小区不仅是居民的家园，也是整个地域发展的有机组成部分。在激发居民"主人翁"意识的同时，也要注重整合地域资源，以实现共同更新。通过空间改造将小区与更大的地域场所连接起来，通过社会纽带强化吸纳更多的行动者。以开展活动、活化既有空间等形式，建立起各方主体与地域场所之间的紧密联系，形成改造共同体。

建成于1972年的日本东京高岛平小区，2004年开始更新改造，至今已持续10余年，其关键就在于找到了一个多方参与的可能点和利益点——既有空间再利用。小区附近的大东文化大学征借空置房屋，然后以低价租给学生，学生需要通过参加公共活动来获取低价租赁的资格。居民也可以利用大东文化大学的闲置活动室，举办各类活动。利用既有空间承载不同的社会活动，激活了闲置资源，实现了地域内利益共享，也促进了多年龄层次和社会背景人群的互动，推动了社会活力的再生。

大东文化大学学生与高岛平小区居民一起录制广播

图片来源：
大東文化大学環境創造学部．インターネットラジオ[EB/OL]. [2019-07-07].https://www.daito.ac.jp/education/social_human_environmentology/activity/takashimadaira/press/fm.html.

探索适合老旧小区特点的物业管理模式

老旧小区大多没有物业管理，给治安、环境卫生等方面带来了较大压力，居民"花钱购买服务"的意识也尚未养成。对于改造后的小区管理，要通过解决管理责任主体、资金来源、管理机制等问题，探索建立适合老旧小区特点的科学长效管理模式和机制，对改造成果的维护问题进行创造性解决。

在尊重居民意愿的前提下，根据不同小区的规模、资源、管理基础与成本等实际情况，因地制宜采取灵活多样的管理模式，促进老旧小区管理的良性循环。例如对于居民出租率高，又有一定区段商业价值的老旧小区，可以采取政府团租的方式，进行业态改造，形成一定规模商业氛围，引导后续居民自发改造。对于规模较大、基础相对较好，但居民对物业不甚了解、心存疑虑的小区，政府可以作为第三方牵头，并为居民的资金背书，让物业公司先行入驻，免费提供一段时间的物业服务，居民在体验享受服务后，再缴纳费用。对于居民无能力出资，不具备实行物业企业服务条件的小区，政府可以最低保障额度出资，由居民委托社区居委会作为代表，依法与保安、房屋设施、下水道维护等专业服务企业签订委托管理和服务合同。

探索"环境改造与物业管理同步实施"，将物业管理作为改造的前置条件，改造中物业服务企业或其他管理单位要全程参与，提出合理建议。改造后管理单位要无缝对接，即时有效开展物业服务。北京市自2018年起，给老旧小区综合改造设置了要有物业服务管理的"硬杠杠"，也就是说，哪个小区要想被纳入改造计划，首先得有物业服务管理。

探索让社会资本参与小区后期公共服务的管理。按照目前的老旧小区改造方案，在改造基础上要引导发展社区养老、托幼、医疗、助餐、保洁等服务。对于前期投入小区改造资金的社会资本而言，介入未来可能会大量涌现的相关服务机构，是对其参与改造的回报。为免"便民"变为"扰民"，这些服务机构在小区的空间分布、运营时间等方面，需要进行精细化的政策设计和持续的科学监管。

杭州老旧小区探索"体验式物业"

杭州市保俶花园是个有6幢居民楼、123户人家的老小区。社区为其引入一家物业公司，并挨家挨户征求意见建议，多次召集小区自管小组成员及楼组长、居民代表，参与筹备讨论。

为消除居民群众疑虑，采取"先享服务，后缴费用"的原则，在试行3个月物业服务后，再开始收缴物业费。根据居民代表会议的约定，物业费的缴纳标准是0.6元/m²。保安、保洁、巡逻人员、管理员等各司其职，以实际行动获得群众"芳心"，十余天的时间已有一半居民主动缴纳了物业费。

资料来源：
毛长久. 老小区新管家 赢得居民"芳心"西溪街道扎实推进"我的家园规范化建设"[EB/OL]. (2019-03-14) [2019-07-07]. https://hzdaily.hangzhou.com.cn/hzrb/2019/03/14/article_detail_1_20190314A0611.html.

参考文献：
[1] 刘洪彬. 国家治理体系现代化研究——以法治、善治与共治为视角[D]. 武汉大学, 2014.
[2] 张京祥, 陈浩. 空间治理：中国城乡规划转型的政治经济学[J]. 城市规划, 2014, 38(11):9-15.
[3] 何嘉. 从公众参与到社区营造：以人为本的社区更新探索[Z]. 2019 亭林城事系列讲坛, 2019.
[4] 于海. 回到生活世界和生活空间——以上海创智农园为例[J]. 城乡规划, 2017(04):94-100.
[5] 冉奥博, 刘佳燕, 沈一琛. 日本老旧小区更新经验与特色——东京都两个小区的案例借鉴[J]. 上海城市规划, 2018, 4(4):8-14
[6] 光明时评. 小区改造受益者付费制度值得一试[EB/OL]. (2016-11-26) [2019-07-01]. http://guancha.gmw.cn/2016-11/26/content_23106357.htm.

美好生活，一切"街"有可能

□ 整理 徐奕然

街区（block）是由城市街道围合成的区域，包括了顺畅通行的街道和便捷舒适的生活设施，例如步行可达的百货超市、绿地公园，临街的咖啡馆、书报亭等，是城市居民邻里交往最为密切的公共活动场所。街区是居住、商业与休闲的融合，是"围墙内"私有空间和"围墙外"公共空间的融合，它将住宅与外部世界联通，成为市民场所精神的重要载体和城市生活价值的集中体现。

🚩 国外街区发展

从历史上看，"街区"是西方社会为适应工业革命和市场经济而逐渐发展起来的城市公共空间布局形式，通过小尺度开发、网络状道路、复合功能、活力街道来回应城市居住者对多元文化和利益的诉求。1929年，美国学者科拉伦斯·佩里提出"邻里单元"理论，目的是在机动车交通开始兴起的条件下，创造舒适安全、设施完善的居住社区环境，这也是街区制的雏形。

英国：把街区保护制度纳入立法

英国是社区建设的发源地，早在1967年就制定了《街区保护法》，后将其纳入城乡规划法体系。我们所熟知的牛津街，就是街区保护制度的实践之一。制度推出后，市民们自发成立了不少慈善团体，帮助街区完善交通管制、创设安全步行空间。

资料来源：
[1] 晏子. 国外"街区"到底咋回事儿[EB/OL].(2016-02-29)[2019-05-26].http://news.ifeng.com/a/20160229/47621064_0.shtml.
[2] 杨保军,朱子瑜,黄文亮,陈一峰,鹿勤,胡崟恺,王英,冷红,刘宇光,袁牧,蒋朝晖."城市 街区 开放"主题沙龙[J].城市建筑,2016(22):6-14.

🚩 我国街区发展

古代

里坊制	VS	街巷制

里坊制

里坊制始于商周，成熟于汉唐。城市布局严整、功能分区明确，将居住区"坊"和交易区"市"分开，坊、市四周设墙，由吏卒和市令定时开闭。对城内居民商业活动的交易时间、地点进行严格控制，全城实行宵禁。唐长安城是实行里坊制的最典型代表。

街巷制

宋代经济的发展促使商业经营方式和城市空间格局向开放型转变，街巷四通八达，沿街店铺大量兴起，形成许多热闹繁华的商业街和新型休闲场所（如浴堂、茶坊、勾栏等）。对居民严格的时空管制被打破，人们的日常生活空间从院落内转移到街巷中来。

日本：由"住宅团地"向"开放街区"发展

日本早期的住宅主流模式称为"住宅团地"，类似于我国的居住小区。20世纪50年代，日本住宅供给问题日趋严峻，封闭式社区需要更多用地和费用，而采用街区模式、建造更高的楼房能大大提高土地利用率。90年代后"街区"逐渐发展成为日本住宅区开发的普遍模式。

美国：街道、街区和建筑构成有机整体

美国街区由东西向较窄的街（street）和南北向的交通大道（avenue）划分而成。街道、街区和建筑构成有机整体，尽量提供便利的步行环境，很少使用天桥、地下通道及交通隔离带。政府常举办丰富多样的街区活动，营造大量公共空间供人们休闲娱乐。

当代

封闭小区 VS **开放街区**

新中国成立后，经历了"计划经济体制下职居一体的单位制模式""改革开放初的单位住宅小区模式"和"市场经济条件下的商品房门禁社区模式"，以围墙为界的封闭空间大量形成，阻断了城市道路微循环，使得城市公共空间格局逐步碎片化。

2016年，《中共中央国务院关于进一步加强城市规划建设管理工作的若干意见》提出推进"街区制"顶层设计，发展更加"开放便捷、尺度适宜、配套完善、邻里和谐的生活街区"。上海、北京、南京、深圳等城市也相继出台具有当地特色的"街道设计导则"，采用更为人性化、更具吸引力的设计策略，营造城市公共生活的美好场所。

"我住的街区好在哪儿？"

我们常常会看到形形色色的城市宜居指数排行榜，但对街区宜居程度进行横向比较，仍是相对崭新的课题。聆听居民对所住街区的真实评价、了解"我住的街区好在哪儿"，能够帮助居民以及未来选择定居在这里的人们过上更幸福的生活。抱持着这样的初衷，2018年10月，日本不动产公司"大东建托"的研究人员启动了关于街区满意度的大规模调查，通过互联网发放问卷，收集了日本首都圈145个行政区和1224个车站，总计61319位居民的满意度反馈，并于2019年2月发布了"日本首都圈居住最舒适的街区排名"。彼邦的研究成果也许能给我们带来一些启发。

"日本首都圈居住最舒适的街区"面面观

该调查共有"亲切感""安静度与安全性""交通便利性""生活便利性""印象""地基安心度""行政服务"和"物价"8个方面共55项评价内容，非常满意打2分，满意打1分，一般打0分，不满意-1分，非常不满意-2分，旨在评选出日本首都圈居住舒适、满意度高的街区。为便于统计结果，居民输入的街区名称，会被调查系统标准化为"县→铁道→车站"的形式，如"东京都千代田区市谷站"，代表了徒步15分钟以内可到达该车站的居住范围。

"居住最舒适的街区"前三名分别是广尾、市谷和北山田。从车站的评分因子雷达图可以看出，排名较前的街区具有8个方面得分均好的特征，例如广尾；而新宿8个因子构成的雷达图面积较小，排名居后。值得一提的是，拥有适量的商业、居住环境安静的街区大多都进入了排行榜；相比于市中心的繁华街道，有公园和绿地、比较安静且能够沉下心生活的地方，得到了更高的分数。

资料来源：
[1] 大东建托租赁未来研究所.2019日本首都圈最舒适的街区排名[EB/OL].(2019-02-20)[2019-05-26]. https://www.kentaku.co.jp/sumicoco/syutoken/.
[2] 2019年度日本居住最舒适的街区排名出炉啦[EB/OL].(2019-03-05)[2019-05-26]. http://www.waigf.com/news/90600.html.

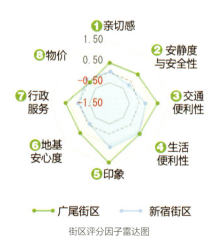

街区评分因子雷达图

街区舒适度调查评价项目

综合评价		评估当前区域的整体情况
1	亲切感	不装腔作势的友善，非本地人易于相识，地区的联系，地区的活动和祭典等，街坊往来不嫌麻烦，具有历史与传统
2	安静度与安全性	清静，没有噪声和嘈杂，安全性很好，没有弹球室或赌场
3	交通便利性	可以方便地前往市中心、进入主干道、高速公路，工作和上学交通便捷，接近地标和热门地点，步行友好
4	生活便利性	餐厅、杂货、花店、咖啡店、便利店、美容院、药店、书店、超市、量贩店、购物街、大型百货商店、居酒屋、电影院、剧场、邮局和银行的充足度，深夜营业店铺充足度，热闹繁华度
5	印象	具有高级感、时尚精致，名胜景点、自然资源充足度，街道的漂亮程度，再开发等城市未来发展的可能性，不动产资产价值
6	地基安心度	不用担心海啸、建筑基础、密集区域的火灾，没有垃圾焚烧场
7	行政服务	幼儿园、中小学教育、儿童免费医疗充足度，医疗机构、看护设施、看护保险充足度，公园、绿地、绿道充足度，图书馆、学校充足度，健身体育设施充足度，垃圾收集的频率
8	物价	房租房价是否便宜，物价是否低廉，电车、公共汽车、道路拥挤程度

Cover story | 封面故事

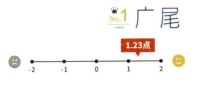

No.1 广尾

1.23点

广尾的居民表示：

"广尾虽然处于都心的位置，但周围的绿地很多，街区很干净舒适。"（67岁女性）

"住处附近就有网红的人气店铺，商店街举办的各种活动也很丰富。"（54岁女性）

第1名的广尾位于东京都涩谷区东南部，因各国大使馆聚集于此，街区洋溢着浓厚的国际化气息。街区的"交通便利性""生活便利性""印象"受到居民高度赞赏，"安静度与安全性""亲切感"得分也高。车站附近的有栖川宫纪念公园是樱花与枫叶胜地，在商店街外带美食到公园野餐，是街区居民的幸福日常。大部分的商店都集中在车站旁充满绿意、宁静舒适的广尾散步街上。这里保留了具有下町怀旧风情的住商混合式店铺，有很多坚持提供真实好味道与好商品的餐馆、酒吧、甜点店和杂货店，朴实不造作是广尾常年人气旺盛的秘密。

No.2 市谷

1.21点

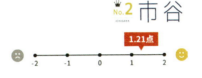

市谷的居民表示：

"安全性很好，还有很大的公园。相比30年前现在多了很多超市。区政府、邮局、图书馆、老年中心等公共设施都在徒步范围内。"（65岁男性）

第2名的市谷站位于东京都千代田区，地铁"有乐町线、南北线、都营新宿线"和铁路"JR中央总武线"在这里汇聚。从调查结果来看，市谷街区的"印象""交通便利性""安静度与安全性"受到高度认可，各项评价也相对均衡。市谷站前广场虽然比较紧凑简洁，但周边的餐饮店琳琅满目。市谷与皇居西侧相接，中间的护城河因形似千羽鸟儿振翅欲飞而得名"千鸟渊"，河畔一条长达400m的樱花大道是仅次于上野公园的东京赏樱胜地。附近有许多高级公寓，距离主要街道仅几步之遥，就是很安静的居住区域。

第3名的北山田位于神奈川县横滨市的都筑区。这里虽然知名度不高，但交通便利，车站附近有许多公园和零售商店，横滨国际游泳馆也离得很近，还有充足的公寓和"一户建"（独院住宅）。北山田街区"交通便利性""印象"得到居民的高度赞赏，"安静度与安全性""生活便利性"也获得了不错的成绩，是一个宁静、维护良好的郊区住宅区。

No.3 北山田

1.20点

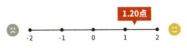

北山田的居民表示：

"因为年轻家庭很多，住得也比较安心。这里组织的祭典和活动很多，带着孩子去会很开心。"（41岁男性）

"很安静，坐一站地铁就有大型的购物中心，十分便利。公园和绿地很多，带着孩子散步会很开心。在育儿方面，这里不仅有能咨询的地方，有时还会提供实际帮助，搬过来真是太好了。"（34岁女性）

街区如何更"宜居"？

既充满活力、又和谐有序，是衡量一个好的社会的重要标准。改善街区的秩序性，要以解决现实矛盾为切入点，对街区安全保障、日常出行改善、城市家具优化、街道界面优化等目标逐个击破。提升街区的活力度，要顺应人民对美好生活的向往，在生活服务提升、全龄友好街区塑造、健身空间建设、小微空间改造等方面逐步完善。用更加多元、更为精细的手段，塑造安全安宁、生活便利、慢行舒畅、全龄友好、健身积极、交往活跃、设施完善、界面有序的高品质街区环境。

 街区安全保障

街区安全涵盖街道交通安全、街旁设施安全、防治犯罪侵害等，是居民幸福生活的基本保障。

空间安全改善：依托空间环境设计激发丰富的公共活动，营造更多积极的监视空间，是有效预防犯罪侵害发生、社会成本较低的安全保障措施。

安宁街区建设：推广应用道路稳静化措施，保障各种交通参与者的人身安全，有效治理道路和工地噪声，营造安宁街区环境。

简·雅各布斯"街道眼"论述

美国作家简·雅各布斯观察到，热闹的街道和守望相助的街坊，增加了更多警惕的"街道眼"，潜在的坏人会感到来自邻居的目光监督。她据此主张保持小尺度的街区和街道上具有公共活力的各种小店铺，用以增强街道的安全感、抑制犯罪活动。

小尺度具有公共活力的街道　　安宁共享的街区环境

资料来源：杨保军，顾宗培．"推广街区制"的规划思辨[J]．城市观察，2017(02):63-72．

 生活服务提升

街区是各类生活服务与百姓距离最近的"窗口"。

服务业态丰富：重点关注日常生活的便利，如早餐铺、水果摊、药房等便利市场和便利店。补充和完善社区养老、助餐、助医、托幼、家政等生活服务设施，增加城市书房、文化驿站、街道博物馆、社区博物馆等文化场所，合理引入文创展览、共享办公、线下体验店等新型业态。

服务功能复合：鼓励将商业、办公、文化、社区服务等多种功能设置在沿街建筑的不同部位和不同楼层，实现在便利可达的范围内复合多种生活服务设施，形成连续活跃的步行街，最大化地利用有限的街区空间。预留可变的多功能公共活动空间，并注重商业设施与地下空间的一体化建设。

当城市社区遇见"公共艺术"——上海宏业花园社区美术馆

采用低造价的手法，将闲置教学楼改造为服务于周边居民的社区美术馆，让艺术以一种接地气的姿态走入百姓生活。选用价廉且加工方便的阳光板搭建室外长廊，离居民楼较近处增加不低于2.2m的墙体，解决隐私问题。室内空间设置可移动展板，不需展览时可靠墙收起，留出场地举办艺术活动，还布局了一处儿童图书室，提供很多画册和小人书。

儿童图书室　　可移动展厅

资料来源：上海华都建筑规划设计有限公司．里弄社区里的一道彩虹[EB/OL]．(2019-01-08)[2019-05-26]．http://www.sohu.com/a/287451141_163548．

日常出行改善

街道空间的设计与改善，能有效引导更为健康的出行方式，提升街区归属感。

慢行交通优化：提供连续完整的步行道和自行车专用道路，减少路面颠簸和坑洞。鼓励道路横断面资源分配向慢行交通倾斜，尤其是人流量较大的路段，需重点加宽人行道，以提升慢行舒适度。合理增设公共自行车租赁站、共享自行车停放点，减少不集约停放。着力塑造优美的慢行环境，添置绿化景观与休憩桌椅等。

停车供给改善：机动车的有序停放，不仅能提高道路通行效率，还能为街区腾出更多的公共空间。针对路内停车，慎重设置停车带或少量停车位，并避免影响步行连续性。鼓励利用地上地下空间建设停车楼、停车场、机械式立体停车库等。创新停车管理方式，探索分时共享停车位、鼓励短时停靠的收费机制等。

使车行街道回归人性化——伦敦展览路改造项目

伦敦展览路改造是典型性的"共享街道"项目，实现了从以车为本的畅通之动，到人行优先的交通稳静。将人行通道拓宽一倍，超过3.5m。移除一切警示牌、红绿灯及隔离路障，将马路与人行道融为一体，形成宽敞、平坦、延续的共享空间。采用大理石就路面，并设计成纵横交错的棋盘图案，使驾驶员进入后形成"心理预警"，限制行驶速度。

伦敦展览路改造前　　　　　　　伦敦展览路改造后

资料来源：
[1] The Royal Borough of Kensington and Chelsea. Future use of Exhibition Road [EB/OL].(2011-09-26)[2019-05-26].https://www.rbkc.gov.uk/exhibitionroad/exhibition-road-future/future-use-exhibition-road.
[2] Kayvan Karimi. Exhibition Road by the V&A and Science museum [EB/OL].(2015-10)[2019-05-26].https://www.researchgate.net/figure/Exhibition-Road-by-the-V-A-and-Science-museum-above-before-and-below-after-Source_fig1_283350677.

全龄友好街区塑造

根据儿童、老人和身心障碍人士等弱势群体的行为特点和生活需求，有针对性、有区别地提供暖心的空间和设施。

适老化公共空间改造：在老年人经常活动的公共场地，设置休闲凳椅、扶手抓杆、凉亭石桌，实施路面平整、防滑和坡化改造，在各路口设置人行道缘石坡道。

儿童友好空间建设：根据不同年龄和性别设置差异化的儿童游乐空间，建设安全有吸引力的儿童出行线路，设置儿童图书馆、博物馆、艺术画廊等公共设施。

无障碍设施建设与维护：通往绿地游园的道路保持平整，符合轮椅通行要求，并留有轮椅停放空间。有高差的公共空间，倡导坡化全覆盖。设置鲜明的无障碍设施导向和定位标识。整治盲道违法占用现象，定期维修因踩踏而凹凸不平的公共场地铺装等。

成都双和社区——国内首个"儿童交通友好社区"

2018年，成都市桂溪街道双和社区成为国内首个"儿童交通友好社区"项目试点。在硬件改造方面，新增阻车花台、交通标识、黄闪灯及儿童分类垃圾桶等设施，解决机动车占道问题，保障儿童出行、玩耍、上下学安全。在制度创新方面，联动儿童、家长组建志愿服务队，成立双和儿童保护委员会，推出17条儿童交通友好社区公约。在社区服务方面，建立儿童交通友好商家联盟，汇集更广泛的主体参与。

上学路上可爱的交通标志　　　　儿童分类垃圾桶

资料来源：国内首个"儿童交通友好社区"项目在桂溪试点 [EB/OL].(2018-11-01)[2019-05-26].http://dy.163.com/v2/article/detail/DVH2M51T0514RN2R.html.

健身空间建设

街区健身空间建设，可以激发居民主动健身的意识，引导健康的生活方式。

健身广场建设：依托街道转角和建筑前区等空间，补充健身器材、广场舞场地等功能与设施。增设顶棚廊架、配套座椅等休憩设施，为公众创造交流的机会。

街区绿道建设：在沿路沿河地带或宜向居民开放的不可进入绿地，增设健身绿道。既有绿道须打通堵点，串联形成可观、可游、可赏的景观线路。设置绿道标识系统，沿绿道布设多功能服务驿站。合理搭配乔灌花草，解决蔽荫问题，提升绿道沿线景观体验。

社区体育公园建设：在有条件的社区建设具有一定规模的体育专类公园。在常规球类运动场地以外，鼓励增设儿童游乐场、攀岩、轮滑等特殊运动场地，配备看护并定期保洁。增设遮阴避雨和休憩空间，完善公厕、零售、器材租赁等配套服务设施。

上海苏家屯路社区健身休闲场地与步道改造

苏家屯路社区位于上海市四平路街道中部，区内居住密度较高，且缺乏集中的公共开敞绿地。改造中，现状车道两侧各设 2.5m 的步行道和 4.5m 的休憩绿化带，并增添了大量的健身器材和活动场所。如今，焕然一新的苏家屯路成了周边居民的休闲健身好去处。每到夜晚，快步走队伍浩浩荡荡，成了周边一道靓丽的风景。

健身休闲场地

彩色健身步道

资料来源：刘桂强.杨浦这条市级林荫大道堪比户外"公共展厅"[EB/OL].(2016-02-29)[2019-05-26].http://city.eastday.com/gk/20170807/u1a13174313.html.

 ## 小微空间改造

成本低、灵活度高的小微空间改造，能够"变废为宝"，在极其有限的城市空间中，为人们提供可观赏的景致、可停留的场所和可交流的平台。

畸零地设计改造：畸零地是指由于地形限制而形成的边角空间。通过"自下而上"的公众参与，充分挖潜街区畸零地，因地制宜，植入文化展示、社区苗圃、运动休闲、科普基地、共享单车停放等功能，促进邻里交往。

口袋公园建设：充分利用闲置空间建设街心花园、笼式球场、艺术公园等口袋公园，为居民提供玩耍、对话、聚会的场所。对场地内的休憩、照明、商业及无障碍设施进行合理布置，重点关注老人和儿童的特殊活动空间。

便民绿地增补：在集中连片、缺乏公园绿地的街区内，利用闲置土地、拆迁棚户区和夹心房、公共设施附属绿地对外开放、沿河沿路带状绿地等，创设"见缝插绿"的便民绿地。巧用立体绿化、屋顶绿化、阳台绿植等手段，增加绿量和绿视率。

德国柏林公主农园

德国柏林公主农园原本是一块闲置空地，2009 年居民自发将荒地改造为菜园。400 余种蔬菜全部种植在轻便环保的可移动塑料箱中，节约资源又方便照料。农园定期开设农艺讲座，组织学生亲近自然、参与农耕。作为自下而上的微更新项目，农园初期依赖第三方策划，吸引社会资本成功实施后，通过审批途径实现土地使用权合法化，还申请获得了社区更新类公共资金支持。

2009 年的公主农园

2012 年的公主农园

资料来源：吴佳燕.柏林公主花园：城市农耕，荒芜处绿洲[EB/OL].(2014-07-28)[2019-05-26].http://www.yogeev.com/article/51115.html.

城市家具优化

城市家具设置在街道、广场等公共空间，包括交通管理、公共照明、路面铺装、信息服务、公共交通、公共服务等六大类设施。城市家具的视觉比例占街道整体空间构成的 1/5 以上，是影响街道品质高低的重要因素。

城市家具系统性建设：以功能完善为出发点，强化城市家具在设计、布置、制造、施工、管理、建设等方面的系统性思维，鼓励围绕风格、造型、色彩、元素、材料等展开整体设计。依据人流密度，集中布置和均匀布置相结合，避开出入口、无障碍通道，确保通行空间顺畅，减少公共空间占用。

城市家具创新应用：倡导集约化、智慧化和艺术化。推行"多杆合一、多箱合一、多头合一"，例如将通信基站、路灯、环境监测、公安视频监控、LED 广告、充电桩等功能整合在同一杆体上。探索路灯、公交站台、路牌的智慧化应用。打造具有文化和艺术特色的城市家具，使之成为环境景观的亮点。

美国西雅图市中心交互式街道家具设计

西雅图市中心第二大街通过交互式的街道家具设计，为公众创造了新的互动空间，变成了全龄化的游乐场。交互式街道家具共包括 8 个模块，每一块都是用再生木材制成，特点是轻巧、紧凑而灵动。简单、基本的模块可以创造出无限种休息或游玩的空间，与各类人群需求相匹配，有趣的产品创意充分激发了公众参与的积极性。

用于饮食与聚会的街道家具　　用于娱乐与交流的街道家具

资料来源：LMN 建筑事务所设计的有趣的街道设备 [EB/OL].(2014-11-07)[2019-05-26].http://www.360doc.com/content/15/1016/10/28010042_506000412.shtml.

街道界面优化

街道既是街区的外部轮廓空间，同时也是街区居民往来最为密切的生活空间。

近人区域界面有序：优化建筑控制线与贴线率，鼓励开放沿街建筑退界空间，协调建筑高度和朝向，重视细部塑造和材质选择，形成连续性、有韵律、有趣味的街道界面。

沿街围墙设置优化：遵循整洁、美观、通透的原则。不宜设置高于视高的连续实墙，采用易识别的通透式院落大门。鼓励有条件的单位拆墙透绿，开放临街附属空间。

街道绿化与美化：在街道两旁种植树木花卉、设置花坛绿篱，鼓励形成四季有景、主题鲜明的特色街道。对有条件建设林荫路的路段进行再设计、改造与串联。沿步行道设置长椅、茶座等室内外休息场所，并增设喷泉、花架、亭、廊等小品。

广告招牌风貌协调：沿街店招是街道的"名片"，在尺度、色彩、位置等方面应与街道整体风貌相协调，简洁美观而不失个性。近地面的附着型广告不宜过多，保证固接稳定且不影响人行。沿街遮阳棚、雨棚宜采用透光材料，并合理设置排水。

西班牙巴塞罗那兰布拉大街林荫道

巴塞罗那兰布拉大街全长 1.25km，被誉为欧洲最美丽的林荫大道之一。街道采用半开放式交通组织，中央是宽阔的步行道，两侧是单向行驶的机动车道，其余为临街步行区。步行道两侧种植成排落叶悬铃木，夏季可以遮阳，冬季有阳光照耀。林荫道上既有不同历史风格的建筑，又有日常生活所需的花市、书店等，还有街头艺术表演，充满活力。

兰布拉大街两旁成排的悬铃木　　林荫道上充满活力的集市

资料来源：霞光黎影 Lucy. 漫步欧洲最美的步行林荫道兰布拉大街 [EB/OL].(2012-04-24)[2019-05-26].http://blog.sina.com.cn/s/blog_4a696a6e0102dvvf.html.

美好"街区"在哪里？

居住类街区舒适便民

激发交往的公共场所——上海的宏兴里弄堂，在户内空间局促的情况下，针对主弄的公共环境进行微改造，融入共享客厅、社区舞台、空中书房等各类活动，增进邻里交流。

- 安全街区建设
- 安宁街区打造
- 全龄友好街区
- 公共交往空间
- 便民设施改善

开放友好的街道界面——在瑞典哈默比湖城，临街住宅底层商业形成丰富的街道空间，非临街住宅围合成半开放的庭院，既不影响街区与城市衔接，也保证了内部的舒适安宁。

商业类街区活力塑造

引人入胜的空间格局——北京三里屯太古里的设计灵感来自开放式的胡同与四合院，大胆的几何造型赋予每幢建筑独特的外观，花园庭院和四通八达的小巷激发探游的乐趣。

- 宜步街区建设
- 空间功能复合
- 服务设施增补
- 优美环境营造
- 公共交通支撑

街区特色的设计管理——银座是日本东京最具代表性的繁华街区。2006年银座设计委员会成立，2008年《银座设计导则》出版，不符合街区特质的新建、改建项目无法通过审核。

历史类街区文化复兴

- 历史建筑院落保护
- 街区整体风貌管控
- 街巷附属设施保护
- 历史空间创新利用
- 多元推动复兴发展

严格的风貌管控与积极的功能活化——美国丹佛LoDo历史街区成立了设计和拆除审查委员会，严控建筑外部改造，鼓励内填式发展。由历史建筑改造成的Loft住宅因空间划分灵活、窗户宽大而广受欢迎。

历史街巷与现代生活的相遇——广州恩宁路永庆坊改造后的老骑楼，保留了原有民居建筑的轮廓和空间肌理，引入现代元素，成为文艺青年的青睐之地和街坊们怀旧的好去处。

公共建筑类街区开放共享

制造人与人相遇的机会——杭州云栖会展中心的屋顶设计了舒缓的草坡跟地面相连。人们走出家门和办公室，可以轻松地爬上屋顶，闲坐、慢跑、踢球、聚会、观看表演活动。

空间开放共享
公共空间精细化打造
丰富服务业态
多样化的公共活动

室内外空间的无缝衔接——荷兰鹿特丹Markthal市场集合了美食、超市、酒吧、公寓、博物馆、物流等功能，室内空间与外部广场无缝衔接，激发街区全天候的活力和吸引力。

多元生活服务营造
休闲工作场所塑造
友好通勤路径打造
公共创新空间嵌入

科教创新类街区多元融合

公共创新空间嵌入——美国波士顿肯德尔广场距麻省理工学院咫尺之遥，是全球创新企业最密集的地区之一。8处公共空间改造围绕着主街和地铁站展开，为更活跃的头脑风暴提供舞台。

活力街道提升街区归属感——上海创智天地大学路宽8m，步行体验舒适，街旁开设了各具特色的书店、画廊、咖啡屋和餐厅，成为周边大学生、白领青年等创新人才的最爱。

工业类街区功能织补

以艺术唤醒工业活力——深圳华侨城OCT-LOFT是当地首个由旧工业区改造而成的创意文化产业园，只对结构进行了加固，旧厂房的建筑形态和历史痕迹得以保留，艺术气氛浓厚。

完善配套服务设施
上下班通勤便捷
工业遗产建筑活化利用
促进产业空间转型

遗产活化刺激经济发展——美国纽约将废弃的高架货运铁路线改造为可供市民健身休闲的高线公园，更激活了附近至少29个大型项目的开发，创造了巨大的社会经济效益。

资料来源：
[1] 步兵, 唐宏涛. 社会组织主导的日本银座城市设计实施及启示[J]. 规划师, 2019, 35(02): 80-85.
[2] 郦文馨, 马迪. 自由生长的会展中心杭州云栖小镇会展中心二期设计[J]. 时代建筑, 2018(04): 132-137.
[3] Winy Maas, Jacob Van Rijs, Nathalie de Vries, 姜敏华. 荷兰鹿特丹拱形超级市场[J]. 现代装饰, 2015(03): 84-91.
[4] 纽约高线公园的前世今生[EB/OL]. (2018-05-03) [2019-05-26]. http://www.zgtscz.cn/bencandy.php?fid=12&id=404109.
[5] 美国肯德尔广场大街[EB/OL]. (2018-07-20) [2019-05-26]. http://www.360doc.com/content/18/0720/21/642066_771998494.shtml.
[6] 广州永庆坊复兴记[EB/OL]. (2019-05-16) [2019-05-26]. http://www.gd.xinhuanet.com/newscenter/2019-05/16/c_1124504924.htm.
[7] 瑞典斯德哥尔摩哈默比生态城[EB/OL]. (2017-10-29) [2019-05-26]. http://www.360doc.com/content/17/1029/17/39798479_699210157.shtml.
[8] 梓耘斋建筑. 旧里新厅[EB/OL]. (2019-03-29) [2019-05-26]. https://www.archdaily.cn/913861/jiu-li-xin-ting-zi-yun-zhai-jian-zhu?ad_medium=gallery.

数说中国城镇住房变迁

城镇住宅存量
- 1978: <14 亿平方米
- 2018: 276 亿平方米

城镇住房套均面积
- 1978: 45 平方米
- 2018: 89.6 平方米

城镇住房套数
- 1978: 3100 万套
- 2018: 3.11 亿套

单位：平方米

年份	面积
1978	6.7
1980	7.2
1985	10.0
1986	12.4
1987	12.7
1988	13.0
1989	13.5
1990	13.7
1991	14.2
1992	14.8
1993	15.2
1994	15.7
1995	16.3
1996	17.0
1997	17.8
1998	18.7
1999	19.4
2000	20.3
2001	20.8
2002	22.8
2003	23.7
2004	25.0
2005	26.1
2006	27.1
2009	约30
2012	32.9
2015	36.6
2017	36.9
2018	39.0

城镇人均住宅建筑面积（1978-2018年）

资料来源：
[1] 任泽平. 中国住房存量测算：过剩还是短缺? [EB/OL]. (2019-02-15) [2019-08-15] https://mp.weixin.qq.com/s/nn4K1lujuwCiqCTjlZ8lvQ
[2] 中华人民共和国国家统计局

安得"优"厦千万间

□ 整理 许景

住房是人类生存、发展的基本需求。不安居、难乐业，稳住房才能稳人心、引人才。住房问题既是民生问题，也是发展问题，关系千家万户切身利益、关系国家经济发展、关系社会和谐稳定。

中华人民共和国成立以来，我国的城镇居民住房制度、人均居住面积、居住水平发生了翻天覆地的变化，城市住房政策取得了阶段性成效。告别了拥挤的居住记忆后，在新的发展阶段，住房问题的重点已从全面短缺转为如何提供面向更广人群的可负担住房，以及如何用更好的住房满足人民日益增长的美好生活需要。让我国的住房制度更加完善、住房事业发展更加顺利，实现更广范围的"居者有其屋"，提高人民群众的居住品质，取决于更合理的政策制定、更高水平的科技研究和更优质的工程实践。

老问题、新问题——住房那些事儿

住房的剧变是人民生活水平不断变化的重要映射。回顾 70 年来我国住房的变迁，住房的属性、政府和市场的责任边界、住房资源分配的公平性始终贯穿在制度安排和制定问题中。面对新的历史发展阶段，在广泛地吸收社会意见和平衡各阶层的利益诉求基础上，实现整体社会的住房福利最大化，是今后我国住房事业更高质量发展的基本前提。

1987 年，全国首个土地使用权拍卖会

1970 年代，筒子楼的共用厨房

1949～1978

私房公有，低租金的福利住房供给

中华人民共和国成立后，随着大批党政军干部进城、服务于第一个五年计划的大批工人在城市安家落户及 1949 年后我国人口第一个生育高峰，城市人口剧增、城市住房压力倍增。

1956 年 1 月，中共中央批转了《关于目前城市私有房产基本情况及进行社会主义改造的意见》。1956～1965 年，超过 1 亿平方米的私有住房被公有化。私房公有化的同时，国家陆续投资建设了大批居民住房，即老百姓常说的"公房"，国家定面积、定标准，不能转租，更不能买卖。国家象征性收取极低租金，20 世纪 70 年代末，全国城市每月公房租金是 0.13 元／m²，不到维护成本一半。

"公房"制度长期实行无偿分配和低租金的福利体制，住房的投融资机制严重扭曲。1952～1978 年，我国包括农村住房在内的住房总投资不到同期基本建设投资的十分之一。投资严重不足所导致的直接后果就是住房的严重短缺。城镇居民解决住房停留在"等国家建房，靠组织分房，要单位给房"的状态。

1978 年，城市人均居住面积从 1950 年的 4.5 m² 下降至 3.6 m²，缺房户 869 万户，占当时城镇总户数的 47.5%。住房问题到了亟待解决的时刻。

1978～1998

蜗居始变，住房改革的破冰之旅

1978 年 9 月，中央召开城市住宅建设会议，传达了邓小平同志的一次重要谈话精神，即拓宽解决住房问题的方式，譬如允许私人建房或者私建公助，分期付款，把个人手中的钱动员出来，国家解决材料等。1980 年 4 月，邓小平同志又一次发表了关于住房问题的重要讲话，认为不但新房子可以出售，老房子也可以出售，买房可以分期付款等。可以说这两次谈话为以后近二十年的住房改革指引了方向。

1980 年，我国第一家房地产公司——深圳经济特区房地产公司成立；1983 年国务院发布《城市私有房屋管理条例》，明确国家依法保护城市公民私有房屋的所有权，城镇住房制度改革逐步向正规化、法制化迈进。1987 年，全国第一宗土地公开拍卖会在深圳会堂响起。1988 年第七届全国人大第一次会议通过《中华人民共和国宪法修正案》，"禁止土地出租"被改为"土地使用权可以依照法律规定转让"，随后《土地管理法》也进行相应修改。1988 年国务院发布《关于在全国城镇分期分批推行住房制度改革的实施方案》（国发 [1988]11 号），是我国第一个关于房改的法规性文件。1994 年，国务院发布《国务院关于深化城镇住房制度改革的决定》（国发 [1994]42 号），是我国住房改革史上第一个综合性框架。

通过近 20 年渐进式的改革，1997 年城镇人均居住面积上升到 8.8 平方米，是 1978 年的 2 倍多。但住房分配体制并未发生根本变革，福利分房仍占据主导地位。

资料来源：[1] 陈杰. 新中国 70 年城镇住房制度的变迁与展望 [J]. 国家治理, 2019(14):25-35. [2] 乐楚, 彭如. 从分房到买房的那些事儿 [J]. 文史博览, 2016(11):5-12.

1998 ~ 2016

调控与保障下的房地产市场化

1997年亚洲金融危机给我国住房制度改革提供了意外契机。为了应对危机、扩大内需，中央计划将房地产业培育成新的经济增长点。1998年7月，国务院下发《国务院关于进一步深化城镇住房制度改革加快住房建设的通知》（国发[1998]23号），要求彻底停止住房实物分配。2003年，全国首次房地产工作会议召开，首次明确房地产业对国民经济的支柱产业作用。会后，国务院发布《国务院关于促进房地产市场持续健康发展的通知》（国发[2003]18号），将以经济适用房为主的住房体系改为"实现多数家庭购买商品房"，这被认为是我国住房制度最终迈入市场化阶段的标志。

此后政策着眼点从微观的住房实物生产与分配转向宏观的市场调控。随着商品房价格快速上涨，密集的住房市场调控随之而来，2004~2015年全国出台七十多项调控政策。

在多轮房价上涨中，中低收入者的住房困难问题愈加严重。2007年8月，国务院办公厅发布《国务院关于解决城市低收入家庭住房困难的若干意见》（国发[2007]24号）把对城市低收入家庭的住房保障正式提升为住房政策的主要内容。2013年12月，住房和城乡建设部、财政部、国家发展改革委发布《关于公共租赁住房和廉租住房并轨运行的通知》（建保[2013]178号），并轨后统称公共租赁住房。

2018年，在租赁住房中聚餐的年轻人

2007年，淮安市在全国率先探索共有产权住房保障模式

2016 ~

"房住不炒"新阶段

2016年，全国城镇居民人均住房建筑面积达36.6 m^2，可以说已摆脱了绝对短缺的状况，存在的是结构性的供需不匹配以及住房品质的有待提升。

2016年底，中央政治局会议提出要加快研究建立符合国情、适应市场规律的房地产平稳健康发展长效机制。随后中央经济工作会议首次提出"房住不炒"。2017年7月住房和城乡建设部等九部委联合印发了《关于在人口净流入的大中城市加快发展住房租赁市场的通知》要求加快发展住房租赁市场，并在广州等12个城市展开试点。2017年10月，党的十九大全面提出新阶段住房发展新思路与新目标，"坚持房子是用来住的、不是用来炒的定位，加快建立多主体供给、多渠道保障、租购并举的住房制度，让全体人民住有所居"。

面向更广人群的住房保障覆盖

福利住房体制下住房资源的不均一直延续到了住房市场化以后，随着市场化的深入，城市原有户籍中低收入群体、进城新市民及新就业青年等获得"可负担"的住房难度增大，阻碍了人口城镇化进程，平衡这一问题，需要政府从资源整合和再分配角度入手，完善住房保障体系，并充分利用和监督市场的力量，优化住房的供应结构。从国际经验看，在完善保障体系、协调资源分配的同时，还须重视建设混居社区以减少社会隔离。

弱有所扶：优先解决低收入家庭住房困难

满足城市低收入、中等偏下收入住房困难家庭基本居住需求是促进社会公平正义、保证人民群众共享改革发展成果的必然要求，也是构建和谐社会的重要保证。进一步推进公共租赁住房建设和租赁补贴发放，使低收入（含低保）和中等偏下收入住房困难家庭实现"应保尽保"。

新有所融：重点满足新市民和青年就业群体的住房需求

新市民主要包含有稳定职业的新就业和外来务工人员。让新市民能够住有所居，是促使新市民融入城市的重要保障。探索实施新市民"同城待遇"，将新就业人员和外来务工人员有序纳入住房保障体系。大力发展住房租赁市场，稳步降低公共租赁住房准入标准，扩大公共租赁住房房源，结合居住证制度的实施，试点将新就业人员、外来务工人员纳入住房租赁补贴保障范围。

留住人才：积极探索"创新人才"的安居保障

上海市四川路上的人才公寓

人才是第一资本，是最具活力的发展要素。是否有良好的安居环境成为城市人才，特别是高端人才走与留的重要考量。重视人才公寓的建设，优化人才公寓的选址，完善教育、医疗和交通等各类公共服务设施，严格把关建筑材料和质量，全面按照绿色建筑标准建设人才公寓，推进"拎包入住"成品房建设。制定梯度化、多样化的人才安居保障标准，确保人才落户更安心。

2018年深圳房改的住房实物供应类型

住房类型		供应比例	供应形式	供应对象	面积标准	价格
市场商品住房		40%左右	可租可售	符合条件的各类居民	中小户型为主	继续实施宏观调控
政策性支持住房	人才住房	20%左右	可租可售	符合条件的各类人才	建筑面积小于90m²为主	租售价格为市价60%左右
	安居型商品房	20%左右	可租可售以售为主	符合收入财产限额标准等条件的户籍居民	建筑面积小于70m²为主	租售价格为市价50%左右
公共租赁住房		20%左右	只租不售	符合条件的户籍中低收入居民、为社会提供基本公共服务的相关行业人员、先进制造业职工等群体	建筑面积30~60m²为主	租金为市场租金30%左右；特困人员、低保及低保边缘家庭租金为公共租赁住房租金10%

资料来源：
整理自《深圳市人民政府关于深化住房制度改革加快建立多主体供给多渠道保障租购并举的住房供应与保障体系的意见》（深府规〔2018〕13号）。

扩大受众：逐步改善"夹心层"家庭的住房条件

"夹心层"是指既没有资格享受到社会保障住房，又凭家庭收入难以负担购买商品房的群体。积极探索共有产权住房，将政府对住房的政策支持量化为出资份额，形成政府和住房困难家庭按照不同比例共同拥有房屋产权，帮助"夹心层"困难群众提前实现安居。

温度关怀：探索推进城市建设、服务人员临时住房条件改善

建筑、环卫等城市建设、服务领域工作人员日常流动性较高，改善其临时住房和休憩条件是面向全人群需求、体现城市人文关怀的重要方面。利用建筑产业化等方式，引导多元主体投资，政府统一监管租赁运营，替代或补充既有工地居住性、休憩性的临时建筑，相关单位或从业人员个人可按需就近集体承租或个人承租。

可负担住房的国际启示：荷兰的社会住房

荷兰的社会住房指由政府授权的独立非营利机构"住房协会"建设、出租和管理，以市场化的方式面向中低收入家庭提供的低租金住房（政府对租金上限进行控制），以覆盖面广、居住品质高等特点著称。根据荷兰《社会租赁部门管理通则》的规定，住房协会主要承担六项核心任务：

1. 优先向目标群体提供适当的住房，确保低收入家庭优先获得低租金住房；
2. 保持社会住房的居住质量，对存量社会住房进行维修、维护和更新，并新建社会住房；
3. 确保租户参与社会住房管理和新的发展方针的制定；
4. 确保住房协会财务方面的可持续运转；
5. 致力于提高社会住房所在邻里的生活品质；
6. 在社会住房建设管理中兼顾对特殊群体（如老年人、残疾人等）的社会关怀。

尽管住房协会市场化独立运营，但因承担着向中低收入家庭提供社会住房的社会责任，对其社会责任履行情况的约束与监督非常严格，除法律法规的约束、政府的监管、住房协会的行业自律和机构内部监督外，荷兰还有专门的社会组织——住房协会出租部门质量中心（KWH），对其服务进行监督，定期发布对各住房协会的评级标签等。

当前，荷兰共有300多个住房协会，管理着约240万套社会住房，社会住房比约占住宅存量32%，在欧洲比例最高。在政府鼓励住房自有化的政策下，荷兰的社会住房以出租为主，也可以拿出部分存量社会住房以市场价格出售，既保证了住房协会的利润回报，使社会住房的建设可持续，也提高了不同收入阶层的空间混合。

资料来源：
[1] 林艳柳等. 荷兰社会住房政策体系对公共租赁住房建设的启示[J]. 国际城市规划,2017,32(01):138-145.
[2] 焦怡雪. 政府监管、非营利机构运营的荷兰社会住房发展模式[J]. 国际城市规划,2018,33(06):134-140.

荷兰的社会住房运行体系

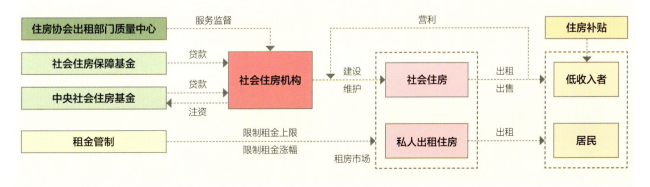

面向全过程的住房品质提升

在通过住房保障制度的完善解决"有"居问题的同时，还需要全过程提高住房品质解决"适"居的问题。住宅品质是老百姓居住生活质量提升的关键所在。日本在 2009 年即已实行《长期优良住宅法》，从"建了就拆"的消费型社会向"建造优良品质、持续维护、长期使用"的库存型社会转变，致力于实现"200 年住宅"愿景。我国也可以借鉴发达国家经验、立足本国国情，从装修成品房、绿色住宅、装配式建筑、房屋动态维护等方面着手，系统性提升住房品质。

省心·放心·个性：创新住宅装修成品房

住宅装修成品房在城市住宅领域发挥着越来越重要的作用。推广住宅装修成品房，要特别注重提升老百姓的接受度和满意度，致力于做到既绿色环保、价格合理、品质优良，又能满足居民个性化的需求。

积极推进住宅全装修成品房，首先应完善全装修标准规范，编制装修设计图集；指导全装修随商品住房主体工程一道，同步设计、同步建设、同步监管、同步交付，实现对全装修工程的全过程监管。第二是推广成品房装配化装修技术应用，积极推进住房产业现代化；鼓励全装修，提供大空间灵活分隔及不同档次和风格的菜单式装修方案，规定开发商提供的装修模式的最少数量，以满足消费者个性化需求。第三是建立全装修成品住房信用信息平台。以市场内各市场主体的信用信息、消费者评价信息为基础数据，鼓励形成统一共享的信息平台。

低碳·舒适·健康：建设绿色住宅

绿色建筑理念和技术在住宅领域的应用可以大大提升居住舒适度和体验。推进新建住宅绿色技术应用，应持续推进城镇新建民用建筑全面执行绿色建筑标准，推动高星级绿色建筑规模化发展。促进装配式建筑、超低能耗、被动式建筑、建筑信息模型、BIM 与绿色建筑深度融合。引导建筑全生命周期绿色化、促进新建建筑在建筑设计水平提高、适宜技术体系应用、建造方式和组织方式创新、地域建筑风貌特色彰显、绿色运营管理等方面进行综合集成和实践。

要特别注意绿色住宅需要绿色建筑的新技术应用，但不等同于繁多新技术和昂贵材料的堆砌，很多真正节能、节材的绿色建筑是出于节省投资与运行费用的目的而建成的。服务每家每户的住宅不等同于公共建筑，更需要注重通过方案优选改善住宅的隔热、通风、采光等以实现"被动式"节能。还需要着力增加绿色运行标识，国内目前绿色建筑的设计标识多，运行标识少，截至 2016 年 9 月，我国绿色建筑获得绿标的项目数为 4515 个，其中运行标识为 269 个，仅占 6%，细化到绿色住宅的领域也存在同样的问题，全生命周期的监督管理措施亟须跟上，而非仅停留在施工的完结。

新建造方式的推广：装配式建筑的社会普及

装配式建筑作为一种现代化、标准化建造方式，在住宅建设中能够有效加快建设速度、节约建设成本、提高建设质量、方便后期维修等。

装配式建造方式的应用推广，需要形成政府和社会的合力，在设计、建造、运营维护各环节建立完善的体制机制和标准体系。首先，在保障房、廉租房等政府投资住房工程中，积极推动带头采用装配式建造方式。在设计环节，推广装配式住宅建筑项目设计策划和正向设计。在建造环节，推广与装配式建造方式相适应的工程建设组织模式，建立产业工人培训体系，提高从业人员技术水平。在运营维护环节，重点完善部品部件质量监管制度，建立装配式建筑建设全过程质量追溯体系。同时，围绕装配化装修、快速检测等重点领域，完善推广技术体系。

成品化的模块住宅建筑

全生命周期的养护：房屋性能体检和动态修缮维护

住宅品质不仅体现在建成质量，更需要长期持续的精心维护。应探索建立房屋性能体检和修缮制度，结合公共安全性、居住舒适度等，制定住宅品质评价体系、分级标准和新建建筑性能认定等质量评价标准体系，因地制宜采取修补修缮、结构加固等分类分级方式提升房屋性能。推动房屋品质长效监管，结合物联网大数据等智慧技术，构建建筑全生命周期性能检测平台。完善房屋修缮相关法律法规，探索制定强制征收修缮等相关制度配套。

日本的长期优良集合住宅

日本在内装 SI 技术体系（支撑体 skeleton 填充体 infill，简称 SI）推动下，提出了有利于住宅健康长寿命化发展的长期优良集合住宅体系。

内装 SI 技术体系将支撑体和填充体有效分离，即主体结构和装修、管线全分离。通过结构降板、架空地面、局部轻钢龙骨隔墙／树脂螺栓内衬墙、局部吊顶的形式，将所有管线从结构体和地面垫层中脱离出来，便于室内管线的改造、维护和修理。解决了主体结构使用年限和内装部品及管线使用年限不同造成的施工重复和建筑浪费，使住宅具备结构耐久性、室内空间灵活性以及填充体可更新性特质，同时实现了装修的全干式工法作业，提高了施工精度和质量，实现了装修的部品化和可变性。

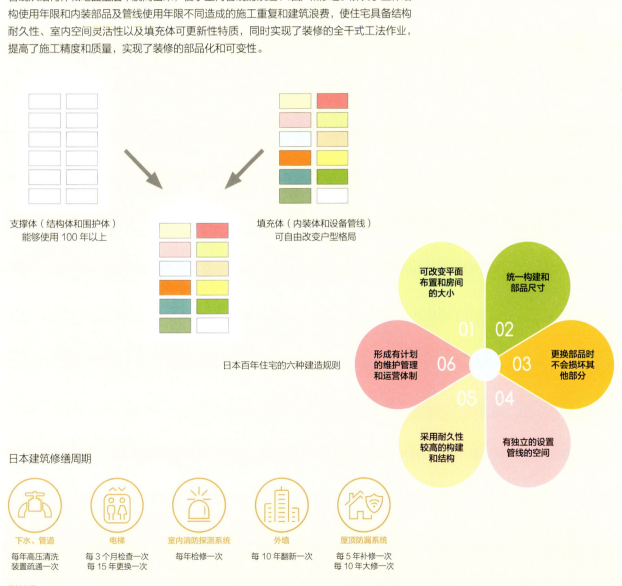

资料来源：
[1] 川崎直宏. 装配式建筑 | 时间轴上的日本百年宅 [EB/OL].（2017-08-04）[2019-08-15]. http://www.chinabuilding.com.cn/article-5355.html.
[2] 房产大象.30 年旧楼似新楼，日本物业管理是如何做到的？秘密只有一个！[EB/OL].（2019-04-05）[2019-08-15]. http://kuaibao.qq.com/s/20190405A06LJ100.

更好的住房、更美的生活

从更深远的层次看，住房的使用者是人、是家庭。千千万万的家庭组成了我们的城市，理想的住房和理想的家、理想的城市、理想的生活密不可分。

我国的家庭规模在近 40 年来呈现出不断小型化的趋势，从 1982 年的每户平均 4.41 人减少到 2017 年的 3.03 人，平均每户少了 1.38 人。历次人口普查的家庭户结构变化则反映出二代户中核心户比例明显降低、单人户比例显著上升。

从历次人口普查看中国家庭户结构的变动（%）

	1982 年	1990 年	2000 年	2010 年
一代户	13.9	13.5	22.3	33.4
其中：单人户	8.0	6.3	8.3	13.7
夫妇户（一代核心户）	4.7	6.4	12.7	18.5
二代户	66.6	67.5	58.7	48.5
其中：父母与未婚子女（标准核心户）	48.2	54.4	46.3	33.4
单亲父母与未婚子女（单亲核心户）	4.6	3.6	2.9	2.7
父母与未婚子女（分居核心户）	6.9	4.0	3.2	3.3
父母与已婚子女（二代直系户）	3.8	3.3	2.3	3.1
祖父母与孙子女（隔代户）	0.7	0.7	1.9	2.3
三代及以上扩展户	18.8	18.3	19.0	18.1
其中：三代户	16.4	16.5	16.6	16.5
其他扩展户	2.4	1.8	2.4	1.6

资料来源：
彭希哲，胡湛. 改革开放四十年来中国家庭的变迁 [EB/OL]. (2018-11-14) [2019-08-15].https://www.thepaper.cn/newsDetail_forward_2629572.

在家庭少子化、老龄化、规模小型化、性别比例偏高和全面二孩的时代背景下，未来国家的住房政策和房地产市场要充分适应家庭人口结构的变化、适应不同人群的需求、适应人在不同年龄段的动态需求，更多地考虑一些可变性和弹性的空间，更多地体现出人文关怀，设计更符合新时代家庭需要的住宅。

为了健康，我们需要建在空气清新、亲近大自然、有益人体健康的环境中的房子。
为了工作，我们需要建在交通便利、通信设施完好、交流方便的地方的房子。
为了生活，我们需要建在城市公共设施、商业服务＋设施齐全、生活方便的地方的房子。
为了老人，我们需要建在有文化内涵的社区、考虑无障碍的建筑设计、附设有家庭安全保障设施设备的房子。
为了孩子，我们需要建在大环境文化氛围浓厚、教育设施、文娱设施齐全的地方的房子。
为了后代，我们需要考虑可持续发展、节地节能、使用绿色环保建材的房子。
我们需要灵活开放、既注重私密性又注重交流性、能充分展示个性、适应家庭的生活和变化的房间。
我们需要个人充分参与设计的个性化空间。
我们需要在家里享受科技为人们带来的各种便利。
每一个家庭的不同就应该导致每一栋住宅的不同。
我们需要……

资料来源：
楚先锋. 中国住房商品化时期的城市住宅设计观念及发展趋势探讨 [D]. 清华大学，2002.

新加坡海军部村庄:"甘榜精神"重塑下的"未来公共住房的典范"

海军部村庄是新加坡首个结合商业及各种社区与医疗设施的一站式综合组屋项目,位于 Admiralty MRT 地铁站旁,含 104 个小型公寓,分 36m² 和 45m² 两类。新加坡 55 岁以上人士,只要名下无组屋或其他私人产权住房都可以申请入住。项目采用"城市村(All in One Village)"的概念,致力于形成积极互动、充满活力的邻里关系,被新加坡总理李显龙称为"未来公共住房的典范"。

海军部村庄的一天是什么样的?李显龙在 2018 年新加坡国庆致辞中这样形容:"许多居民都是祖父母,他们的成年子女住在附近。每天早上,年轻的父母都会在这里的儿童保育中心送孩子,孩子们在当天晚些时候被祖父母接走。老人们在社区花园与他们的朋友一起打太极拳或学习园艺,或去医疗中心定期检查。放学后,祖父母将孩子带到小贩中心寻找食物,或带到操场上跑来跑去。"

上部:套房公寓和社区花园

五楼:托儿所有 200 个学额(与年长者共享社区花园)

中层:有保健医疗设施,包含专科门诊和能做简单手术的诊所

二楼:小贩中心

一楼:人民广场

注释:
图片为新加坡海军部社区,景观设计单位安博戴水道。

丹麦 8 字形住宅:坡道连庭院,从此邻里多交集

8 字形住宅位于丹麦哥本哈根,因类似数字 8 的外观得名,核心理念是为居民集成提供休闲娱乐、家庭生活、社交活动。人们可骑车沿着露台花园从街道一直上到 10 楼的顶层公寓,两个倾斜的屋顶绿化可帮助减少城市热岛效应,提升视觉效果。

"如果你住在城市的高层住宅里,不妨思考一下,你曾跟多少邻居打过招呼?但是如果你住在 8 字形住宅,大概很难错过和邻居打个照面的机会。盘旋而上的坡道设计,巧妙地将每一家独门独户的开放式庭院串联起来。如果你骑着自行车从底楼到顶楼,或者沿着建筑外侧的阶梯穿过不同的楼层,你有机会遇见 8 字楼的所有住户和他们的院子。"

总体来说,8 字形住宅把最佳的采光留给住户,而次佳的位置留给联合办公空间和公共活动空间,平衡了住户对日常居住品质和公共空间的双重需求。此外集合了大大小小的房型,让单身独居、有娃家庭和空巢家庭等不同阶段的家庭都有居住选择,也让社区人群构成更为多元。

资料来源:
FC 未来君. 未来,我们将如何居住[EB/OL].(2019-07-04)[2019-08-15].https://mp.weixin.qq.com/s/fyJxBx6Tp0JjA5rG1dqnUg.

城市的健身、调养与益智
——基础设施与美好生活

□ 整理 鲁驰

每个城市都是鲜活而生动的复杂有机体，而城市中的各类设施构成了支撑有机体运转的骨架、脉络和器官。交通拥堵、出行难、垃圾围城、"城中看海"以及各类突发事件等城市"生病"现象，很大程度源于城市有机体的失调。建设宜居城市，需要将城市设施提升到更高水平，从而保障城市有机体健康有活力，创造更加安心、健康、高效、智能的城市生活。

公共服务设施为解决上学、看病、娱乐、健身和养老等市民最关心、最直接、最现实的利益问题提供保障。覆盖全民、兜住底线、均等享有正在成为新时期公共服务设施建设和提升的要求。

道路网络的发展决定着城市格局，支撑着城市中人和物的安全高效流动。交通拥堵、出行难作为典型病症，已成为治理"城市病"的核心议题。

用水的清洁和方便获得是宜居城市建设的基本要求。一些先发地区的城市供水系统已基本普及，但还存在着设施老化、应对突发水污染能力不足等问题。喝上放心的直饮水开始成为供水新命题。

污水处理涉及生活、工业、医疗污水等。需要清除管网空白区，提升污水处理效能，同步做好污水处理厂污泥综合利用或永久性处理处置设施建设。

Cover story | 封面故事

> 我国发展现阶段投资需求潜力仍然巨大，要发挥投资关键作用……加快 5G 商用步伐，加强人工智能、工业互联网、物联网等新型基础设施建设，加大城际交通、物流、市政基础设施等投资力度，补齐农村基础设施和公共服务设施建设短板，加强自然灾害防治能力建设。
> ——2018 年 12 月中央经济工作会议公报

通信网络逐渐改变着人们的生活方式，市民对通信网络的安全、速度和智能化程度不断提出新的要求。随着云计算、大数据、物联网、5G 等新一代信息技术的快速融合发展，新的智慧生活正在来临。

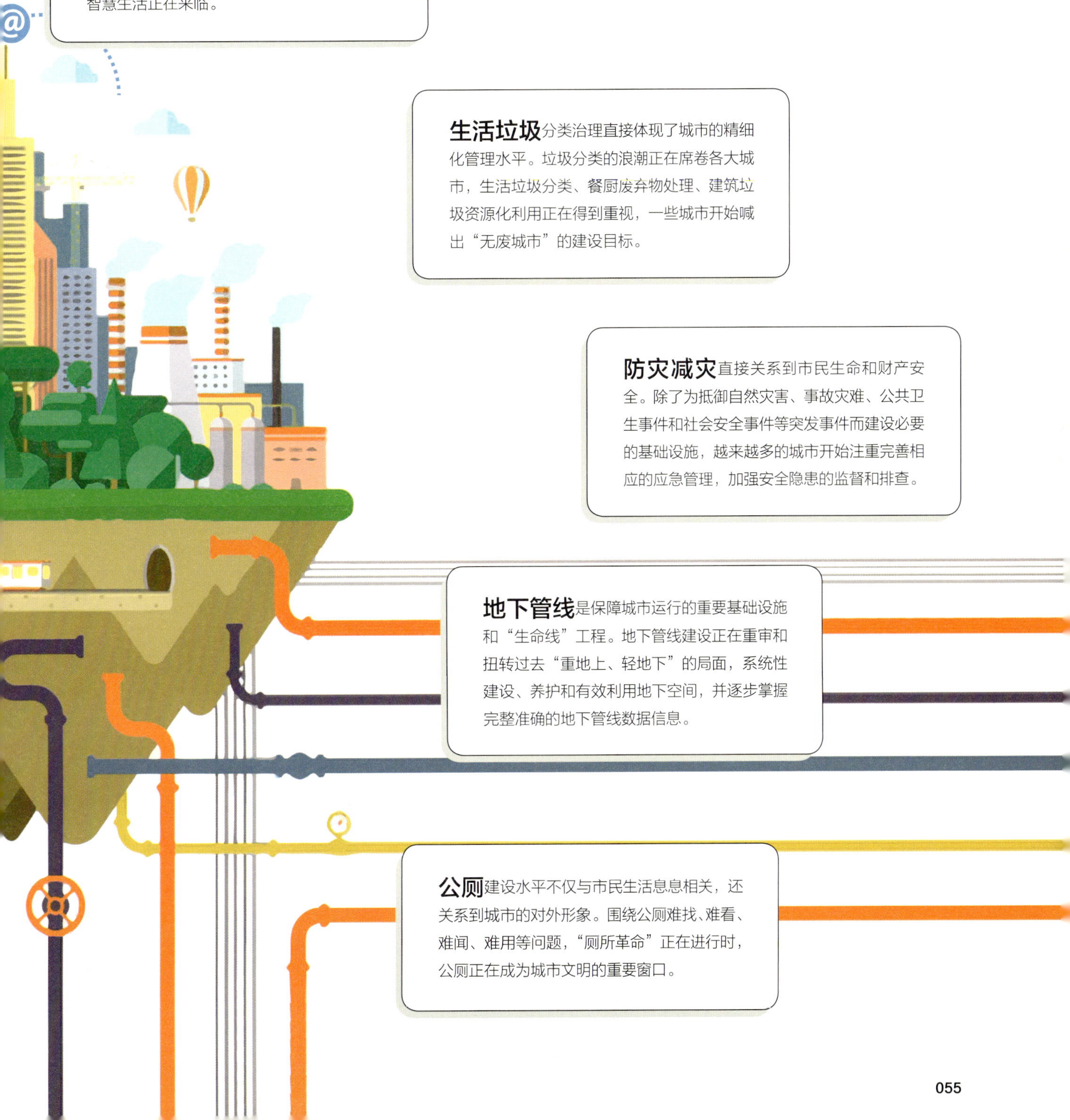

生活垃圾分类治理直接体现了城市的精细化管理水平。垃圾分类的浪潮正在席卷各大城市，生活垃圾分类、餐厨废弃物处理、建筑垃圾资源化利用正在得到重视，一些城市开始喊出"无废城市"的建设目标。

防灾减灾直接关系到市民生命和财产安全。除了为抵御自然灾害、事故灾难、公共卫生事件和社会安全事件等突发事件而建设必要的基础设施，越来越多的城市开始注重完善相应的应急管理，加强安全隐患的监督和排查。

地下管线是保障城市运行的重要基础设施和"生命线"工程。地下管线建设正在重审和扭转过去"重地上、轻地下"的局面，系统性建设、养护和有效利用地下空间，并逐步掌握完整准确的地下管线数据信息。

公厕建设水平不仅与市民生活息息相关，还关系到城市的对外形象。围绕公厕难找、难看、难闻、难用等问题，"厕所革命"正在进行时，公厕正在成为城市文明的重要窗口。

055

"筋骨强健"——提升城市免疫力,生活安全安心

城市中的各类风险和突发事件不可能完全避免,就像人不可能一辈子无恙。因此,城市韧性的提升应当如同人强身健体一样,功在平时,努力使得城市设施能够在极端的压力下得以保存,并继续发挥作用,从而尽最大可能减少城市中的人们在灾害中受到的伤害。

平灾结合的应急避难场所

应急避难场所是能够在灾害来临时为城市中千万人提供庇护的"生命线"场所,使得人们能在灾害发生后一段时期内,躲避由灾害带来的直接或间接伤害,并能保障基本的生活。修建应急避难场所,可以综合利用城市公园、市民广场、学校操场、体育场馆、人防工程等设施,建设或改造防灾公园、防灾建筑等各类应急避难防灾场所。防灾功能设施场地,平时亦可用于宣传普及应急逃生知识及防灾演练。

应急避难场所人均指标

场地名称	面积指标(m²/人)
应急避难休息区	0.900
应急医疗救护区	0.020
应急物资分发区	0.020
应急管理区	0.005
应急厕所	0.015
应急垃圾收集区	0.010
应急供电区	0.015
应急供水区	0.015
合计	1

资料来源:
引自《城市社区应急避难场所建设标准》(建标〔2017〕25号)。

东京临海广域防灾公园

园区本部大楼整体设置在减震装置上,通过中央防灾无线系统与各地相连接。入口广场约 1hm²,铺设水泥预制板以保证救护车辆安全通行。多功能草地广场,供灾民和广域支援部队等人员使用。为了提高公园的利用率,公园平时为市民提供各种体验、演练机会。

平时(模拟灾害场景)

灾害发生时(指挥中心)

园区本部大楼

平时(市民活动)

灾害发生时(避难场所)

多功能草地广场

资料来源:整理自东京临海广域防灾公园官网 http://www.tokyorinkai-koen.jp。

不可松懈的设施安全保障

城市安全保障从来没有万无一失,只有"一失万无",每天都是新起点。要特别关注燃气管网等"看不见的工程",保障供热、燃气、电力、通信等设施自身安全。此外,防治高空坠物等人的危险行为造成的安全事故隐患,以及应对公共卫生等突发事件时期的应急设施需求,对安全保障提出更进一步的要求。

悬在城市上空的痛——高空坠物该如何防治?

1)设施检查和防护:高层建筑业主们需要定期检查门窗是否出现松动脱落,及时清理阳台、窗台物品。商家店铺要仔细检查广告牌匾等是否容易被风掀起、吹翻。阳台和外窗等位置可安装钢丝直径约 1.8~2.0mm 的隐形防护网。

2)监控系统布置:2019 年,杭州一小区安装 47 个探头全部朝天,引得居民点赞。随着高空抛物防治的普及化,这种电子眼监控或许应向整座城市推广。

高空坠物监控探头

资料来源:
中国安防展览网. 高空坠物该如何杜绝? [EB/OL]. (2018-04-28) [2019-09-01]. https://www.ofweek.com/security/2018-04/ART-510011-8500-30226503.html.

南京公共卫生医疗中心"平战转换"保障防疫

南京市公共卫生医疗中心 2015 年建成,是南京市为应对公共卫生突发事件建设的总面积达 11 万平方米的医院,平时作为社区医院,紧急情况下用作定点隔离和治疗。

1)选址布局考虑应急。医院选址在远离城区达 20 多公里的青龙山,并将非传染病区出入口与传染病区出入口做了隔离,避免交叉感染。

2)平战结合、应急与永备相结合。采用装配式集装箱模块化的架空建筑则可以在极短时间内在现场拼装,待疫情过后即可拆除回收,场地恢复为绿地和停车场地,但作为应急灾备场地的功能则永久保留。

3)标准化设计应对"快建快用"。各专业设计团队与 BIM 设计团队密切配合,通过 BIM 优化设计、指导工厂模块化生产、各类管道安装、孔洞预留和现场的施工,提升了工厂生产和现场装配施工效率。

医院"品"字形布局划分隔离与非隔离区域

扩建工程模块化、装配式设计施工

资料来源:
东南大学建筑设计研究院有限公司微信公众号 . 东大院在行动 | 助力防疫之战,探索南京模式 [EB/OL]. (2020-02-10) [2020-02-11]. https://mp.weixin.qq.com/s/TK2pPWo9oSv-3KgwjrcUXA.

亟待普及的应急预警管理

对应急预警的重视,说明科学、透明的突发事件处理方式和城市危机管理意识正在逐步提升。可通过网络、手册等形式向市民发布防灾知识,使市民了解自救和获取救援的方法途径。学校、医院、社区等更应针对各类突发事件制定预案,定期开展应急防灾演练,提升突发事件应急的组织、协调和人员疏散能力。

提前 1 分钟!地震预警"大喇叭"响彻成都夜空

2019 年 6 月 17 日宜宾市发生 6.0 级地震,四川多地的手机短信和 APP、视频弹窗、社区扩音喇叭实现了地震预警"倒计时"。破坏性地震波到达前,宜宾市提前 10 秒收到预警,成都市提前 61 秒收到预警。地震预警是基于物联网技术,利用电波比地震波快的原理实现全自动警报。已有研究表明,地震发生前 3 秒发出预警,可减少 14% 伤亡;提前 20 秒,可减少 63% 伤亡。

通过手机、视频弹窗、社区广播等途径预警地震

资料来源:
盛利 . 提前 1 分钟!地震预警"大喇叭"响彻成都夜空 [J/OL]. 科技日报 ,2019,06(2):4.[2019-09-01].http://digitalpaper.stdaily.com/http_www.kjrb.com/kjrb/html/2019-06/19/content_423839.htm?div=-1.

"血脉清畅"——调理城市机体,生活健康便捷

城市中时刻存在着人、车、水、能源和废弃物等要素的复杂流动。建设宜居城市,需要通过设施网络的修补、改善,打通城市要素流动的各个环节,塑造干净的、生机勃勃的城市血脉系统,使城市居民的生活更加健康、便捷。

治理交通拥堵

交通拥堵是最难治理的"城市病"之一。提高道路连通性,改进道路和道口设计,是有效缓解拥堵的关键,亦有利于增加临街面,为经济、文化多元性创造条件。随着城区主干路网的完善,应当进一步加密重点地区次干路和支路,打通交通微循环。

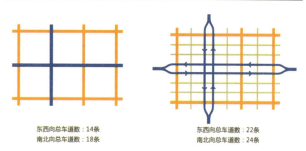

不同密度路网结构比较

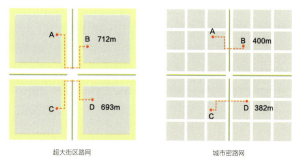

不同路网密度街区内出行比较

资料来源:
卡尔索普事务所,宇恒可持续交通研究中心,高茗工程顾问中心.
翡翠城市:面向中国绿色发展的规划指南 [M]. 北京:中国建筑工业出版社,2017.

步行和自行车不但是对公共交通的补充,还对市民健康有积极影响,并显著提升城市活力。步行和自行车道的设置可结合高架、立体过街、涂装标识、交通管制等措施,与城市公园绿地、公交枢纽和中心区等空间相互贯通。

重庆悦来生态城单向二分路改造设计

悦来生态城利用成对的单向街道分散交通量,提高穿越城市中心区域主要干道的通行效率。同时,降低城市道路的宽度,形成小规模街区,形成丰富的公共活动和绿色空间体系。

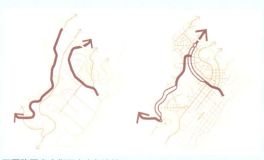

不同路网密度街区内出行比较

资料来源:
卡尔索普事务所,宇恒可持续交通研究中心,高茗工程顾问中心.
翡翠城市:面向中国绿色发展的规划指南 [M]. 北京:中国建筑工业出版社,2017.

哥本哈根自行车战略 2025

1)结合城市生活:现状哥本哈根 17% 的家庭以载物三轮车代步,27% 的市民将骑行作为购物交通方式。2)提高舒适便利性:消除路面颠簸和坑洞,建设更多的自行车停放设施。3)提升速度:在主干道间增加联络线,建设跨水、跨铁路、跨广场等的自行车捷径。4)提升安全感:建设蓝色、绿色的滨水滨绿自行车道;拓宽或彩色装饰自行车道。

自行车道涂装　　　　自行车捷径

资料来源:
RUGGIERI G. The state of art of Copenhagen's cycling infrastructure and possible application in other urban contexts[D]. Politecnico Di Milano, 2017.

Cover story | 封面故事

破解"垃圾围城"

2018年以来,北上广深等部分城市相继立法开启垃圾分类"强制时代",相关话题刷爆网络,垃圾分类已成为"新时尚"。为帮助居民适应垃圾分类,许多城市不断涌现并互相学习"互联网+""绿色账户""积分兑换"、荣誉奖励等激励方式。

南京尧化街道垃圾分类治理

尧化街道每天早晨7点到9点,各小区开始排队开袋倒垃圾。居民将餐厨垃圾过秤,在读卡器上刷响积分卡,积分可以兑换相应的蔬菜、鸡蛋、日用品。不少学校组织了垃圾分类主题活动,形成教育一个学生、影响一个家庭、带动一个社区的良好氛围。

垃圾分类进课堂

积分兑换粮油百货

"四分法"分类垃圾桶

资料来源:
杨绍功,郑生竹. 南京以政府购买服务推动垃圾分类[EB/OL]. (2017-03-28) [2019-09-01]. http://www.xinhuanet.com/gongyi/2017-03/29/c_129520829.htm.

告别"城中看海"

由于城市排水系统和防洪排涝体系的不完善,"城中看海"屡见报端。解决"城市看海"难题,不但要综合采取细化排水分区、优化局部竖向,还要改建雨水管网、设置雨水引流通道、提升泵站排水能力、治理周边河道等。同时"灰绿"结合,大幅度减少城市硬质铺装,推广透水技术。

昆山市高架路海绵改造

结合高架下层道路中央绿化带设置生物滞留池,并针对未设置绿化分隔带的路段,将高架雨水引流至道路红线外侧绿地。人行道采用透水铺装,道路侧分带绿化带改造成生物滞留池。

高架下生物滞留池

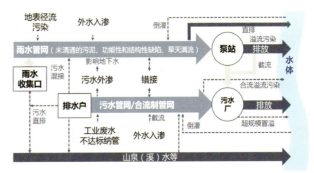
城市排水系统存在问题

资料来源:
章林伟等. 海绵城市建设典型案例[M]. 北京:中国建筑工业出版社,2017.

资料来源:
根据唐建国在2019年3月江苏宜居城市建设高层专家座谈会上的意见整理。

"耳聪目明"——建设智慧城市,共享智慧生活

通信基站、光纤网络、物联网终端等设施作为城市的耳朵、眼睛和神经网络,正在以惊人的速度不断演化,并对城市生活产生前所未有的影响。提升通信网络、智慧设施的反应速度和智能化水平,将更好地服务城市生活。

提升通信网络

2019年被称为"5G元年",公众都对5G时代的到来抱有高期待,这不但因为5G能够满足人们对更快速的移动通信网络的要求,还因为5G将推动互联网、大数据、人工智能的深度融合。实现5G抢位发展已成为城市竞争的重要领域,也是新一轮生活变革的重要支撑。

5G 基站技术进化

5G 基站让天线和射频合二为一,集成在一起,体积相较 4G 基站下降了 2/3,容量则扩大达 20 倍。由于无线信号频率越高,传播损耗越大,5G 基站密度须进一步加密。根据目前技术进展,覆盖城市中心区域大概需要 200~300m 设置一个 5G 基站,郊区大概 500~1000m 左右设置 1 个 5G 基站。

资料来源:
John McCann, Mike Moore. 5G: everything you need to know [EB/OL]. (2019-08-08) [2019-09-01]. https://www.techradar.com/news/what-is-5g-everything-you-need-to-know.

上海虹桥站将成全球首个 5G 火车站

2019 年 2 月,上海虹桥火车站通过智慧机器人、VR 游戏、云端游戏等科技体验,展示了 5G 室内数字系统(DIS)。

5G 车站除了可以满足大量人群场景下的高速上网、随时随地移动支付的需求外,还使室内定位达到亚米级,让室外和室内的导航无缝连接。

5G DIS 设施的安装相当便利,就像电灯一样安置在顶棚上,要更换时只需轻松扭下就行。目前,1 个 5G DIS 装置能覆盖半径 25~30m 的网络,要覆盖整个虹桥火车站需要 1000 个设备。

儿童体验机器人问路

资料来源:
刘艳. 全球首个 5G 火车站落地上海虹桥 [J/OL]. 科技日报, 2019,02(2):19. [2019-09-01]. http://digitalpaper.stdaily.com/http_www.kjrb.com/kjrb/html/2019-02/19/content_414827.htm.

拥抱智慧生活

信息基础设施对处理日常生活的海量数据、支撑智慧生活意义重大。许多城市提出要建设完善智慧城市服务平台，医疗、教育等服务资源接入个人终端，提升面向个人及家庭的服务水平。城市还可通过建设窄带物联网，结合市政设施改造升级，部署视频采集终端、复合传感器等多种物联网感知设施，提供多样化的生活服务和智能体验。

巴塞罗那智慧城市建设

2009年西班牙巴塞罗那市议会便提出了"智慧城市"模式的设想，希望以此提高公民的福利和生活质量。巴塞罗那运用"互联+感知+开放+绿色+服务+创新"的理念，建成一系列基于物联网的智慧城市项目，比如智能感应垃圾回收点、智能感应设施的停车库与停车位管理、智能灌溉系统、智能街灯、智能公交等。

巴塞罗那交互式公交站

融合Wi-Fi设施的智能街灯

资料来源：Digitalavmagazine. Smartquesinas: Intelligent furniture for the citizen in the Paseo de Gracia [EB/OL]. (2018-12-29) [2019-09-01].https://www.digitalavmagazine.comen20141229smartquesinas-mobiliario-inteligente-parael-ciudadano-en-el-paseo-de-gracia-de-barcelona.

新加坡 Singpass 电子服务体系

Singpass电子服务是新加坡"智慧国家2025"计划的重要组成部分，目前集成了49个政府部门及超过60家私营部门的数字服务，并被政府置入各种手机APP中进行推介。如果你想选一个地方开托儿所，通过Singpass数据集即可知道周边有哪些托儿所，居民有几个小孩子、什么年龄等各种信息，并通过Singpass APP注册公司及进行无纸化项目报批。

Singpass 推介页面

机构	数字服务
房地产代理委员会（CEA）	向持牌地产代理及注册销售人员提出投诉
住房发展局（HDB）	销售、转售服务
	抵押贷款服务
	公寓租赁服务
	组屋客户服务
市区重建局（URA）	申请保护建筑维修保养工程
	申请容积率或建筑高度修改
	申请保护建筑的第3类工程

住房和城市建设相关的部分集成服务

资料来源：整理自新加坡Singpass官网 www.ifaq.gov.sg/singpass.

城市特色魅力走着"瞧"

□ 整理 庞慧冉

"爱美之心，人皆有之"，正如哲学家张世英所说，审美是人生的最高境界。城市公共活动场所、景观风貌、历史文化是城市"美"的主要构成要素，是居民追求"美"的空间性表达。但在追寻城市美感、塑造城市特色魅力的过程中，还存在忽视人性化功能、过度追求统一、人文底蕴弱等误区。

美好生活迫切需要"美"生活，重塑"低美感"的城市，提升城市美感度，是新时代满足人民日益增长的美好生活需要的应有之义。让我们来一场关于城市美感的行走，领略健康活力美、自信个性美、人文内涵美的城市颜值"新"风尚。

> 今天中国的文盲不多了，但是美盲很多。
> ——画家吴冠中

> 当前我国城市风貌建设乱象丛生，主要表现为形式主义、拿来主义、机械主义、英雄主义、功能主义和奇形怪状等。
> ——中国城市规划设计研究院院长杨保军

资料来源：
[1] 孙琳琳. 中国人亟需恶补美育课[J]. 新周刊,2019(536):38-41.
[2] 宋爽. 人民需要"首席审美官"[J]. 新周刊,2019(536):64-67.
[3] 杨保军. 城市特色与城市风貌[EB/OL]. (2018-07-14) [2019-08-09]. https://www.sohu.com/a/241230907_99902302.

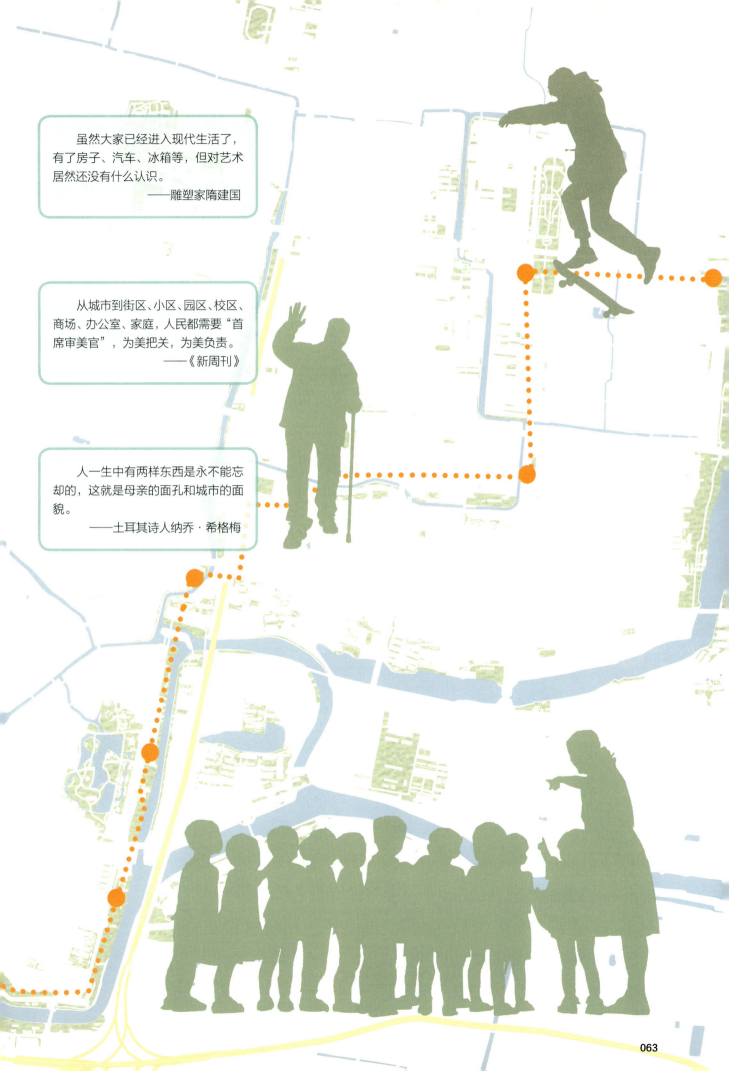

虽然大家已经进入现代生活了，有了房子、汽车、冰箱等，但对艺术居然还没有什么认识。
——雕塑家隋建国

从城市到街区、小区、园区、校区、商场、办公室、家庭，人民都需要"首席审美官"，为美把关，为美负责。
——《新周刊》

人一生中有两样东西是永不能忘却的，这就是母亲的面孔和城市的面貌。
——土耳其诗人纳乔·希格梅

世界城市色彩规划发展主要脉络及重要事件

1800~1850 都灵
近现代城市色彩规划的起源地，1845年，市政府发布城市色彩图谱。

1961、1968 巴黎
进行了两次调整，确立了现在所呈现出的城市色调。

1980 伦敦
为泰晤士河沿岸进行色彩规划，协调两岸各个色彩对象。

1990 波茨坦
进行色彩规划，以德国民族建筑色彩为基础确立城市色调。

21世纪初 韩国
在调研基础上对高层住宅色彩进行提炼，得出一套色彩搭配体系以及规划指南。

1970~1972 东京
形成《东京色彩调研报告》并在此基础上诞生了世界第一部具有现代意味的城市色彩规划。

1978 神户
颁布《城市景观法规》，限制城市色彩的滥用。

1980 川崎
为主要的海湾工业区制定色彩规划，并规定每7~8年重新粉刷一次。

1981、1992 日本
推出《城市规划的基本规划》和《城市空间的色彩规划》法案，规定色彩设计作为城市规划或者建筑设计的最后一个环节，必须得到专家组成的委员会批准，整个规划和设计才能生效和实施。

1995 大阪
制定《大阪市色彩景观计划手册》，为大阪的色彩建设进行了指导和规范。

1998 京都
对城市的广告、路牌等进行调查研究，减少高彩度的广告。

2004 日本
通过《景观法》，以法律形式规定城市建筑色彩及环境。

资料来源：
人民智库．如何构建中国城市色彩之美？[EB/OL]．(2018-06-07) [2019-08-09].
http://dy.163.com/v2/article/detail/DJNGQARN0514AE01.html.

独一无二的城市：自信个性的特色风貌美

行走在那些拥有独特风景的城市，可以感受他们特有的气质精神。苏州的粉墙黛瓦、小桥流水，让人直观地感受到"典雅、务实、内向、低调、简奢"；杭州的钱江潮涌、平湖秋月让人体会到弄潮精神与开放情怀；武汉的大江大湖、小巷排档，让人体会到纵横江湖、快意人间的磅礴和烟火气。

独一无二的存在，总能带来特别的感动；千篇一律的重复，往往引发难耐的厌烦。世间景象大抵如此，而城市作为文明的容器，则更是需要卓尔不群的特色。

历史上，我们的先人就对城市建设、空间秩序有着极为丰富、智慧而又深刻的认识。遗憾的是，今天我们的一些城市丢了魂，缺失了自己的特色风貌而泯然众人。

中央城市工作会议提出，要留住城市特有的地域环境、文化特色、建筑风格等"基因"，风格特色是城市的灵魂，是城市软实力的体现，注入了精神内涵的城市风貌，丰满而坚实，外立形象，内聚人心。如何才能让每个人都置身于品位与品质兼具的城市风貌中，可以从城市色彩、天际线和特色空间塑造入手，重塑城市的独特个性美。

辨形：最"美"天际线应该向人心延伸

在城市之中极目远眺，透过一些高低结合、疏密得当、错落有致的古今建筑，看到近处的湖光水色、远处的山脊轮廓，以及更远处的日月星辰，能够随时感受到一种人与自然、历史与现代浑然一体的融合，享受到恬淡、闲适之美。

如果说一个美丽的乡村要让人"记得住乡愁"，那么一座美丽的城市则要让人"望得见天际线"。说到底，城市之美，不仅应该美在细处，还应该美在大处；不仅应该表现在近处，更应该表现在远处。

城市天际线是人们感知城市空间特色的重要元素，是城市空间特色魅力提升不可或缺的对象。城市天际线的塑造要重点优化界面建筑序列，在空旷区域合理增加建筑、改造不和谐建筑。要协调商业建筑立面广告、橱窗、屋顶、水箱设备等，将建筑附属物纳入建筑整体造型和立面进行优化设置。

在优化城市天际线、整治城市建筑立面时，要充分认识到，界面风貌的形成是一个历史过程，与生活其中的市民密不可分，要充分考虑百姓的接受度，循序渐进开展界面风貌优化。

如北京正在进行的清理牌匾标识，就引来不少关注。赞成者认为，北京不少牌匾标识"很不首都"，摘了并不可惜；质疑者则认为，"庆丰包子铺"招牌也被摘了，是否太一刀切？

对此，人民日报评论，最美天际线，应该向人心延伸。城市的核心是人，要塑造错落有致、富有韵律的天际线，也要关注到人心的起伏。这其实是一条比天际线更重要的曲线。屋顶标志、路边店招，是城市的表情包、出行的坐标系，没有了还真容易叫人不习惯。人们的讨论，也是在期待更务实也更精细、更有效也更接地气的做法。

识色：中国色彩重塑本土"素城彩市"

西方世界的旅行者走近明清北京城，便立即被这座东方城市的壮美所震撼，盛赞："碧蓝的天空下，金光闪烁的琉璃瓦在普通民居灰青的屋顶上闪烁，乃是世界的奇观""世界城市色彩的伟大杰作"。人们在观察物体的最初20秒内，色彩感觉占到80%，色彩大约是城市魅力中最直接、最难以忘怀的美。

对于城市色彩，我国早在《礼记》中，就已对建筑用色进行了规范。但对于当下国内许多城市而言，不少城市在发展进程中忽略了色彩管理，丢失了色彩辨识度，而为城市定色调的工作也才刚刚起航。2017年，《北京城市总体规划》提出要"充分汲取古都五色系统精髓，规范城市色彩使用"；杭州则在2006年提出，城市未来主色调是"水墨淡彩"，随后又出台了具体的城市建筑色彩管理规定。

世界著名建筑师艾里尔·沙里宁有句名言："让我看看你的城市，我就能说出这个城市的居民在文化上追求的是什么。"为城市定色调被热烈需要的背后，实是历经高速物质建造后，城市文化与精神需求的重新回归。

如何为城市定色调，需要从城市的"生产"环境入手。地域色彩乃是城市色彩的母本，也是营造协调感的重点，壮美的拉萨布达拉宫和日喀则的扎什伦布寺等高原中的标志性建筑，放到巴黎灰暗、多云的光线下，必定会黯然失色。同样，巴黎优雅的米色建筑和灰色屋顶若被高原的强光照射，也难以孕育出优雅的气氛。

人的偏好也给"城色"注入个性。生活在寒冷地区的人往往喜欢暖色系，热带地区则反之。不同的信仰、历史、风俗也孕育了不同的色彩偏爱，如一些海岛小城多是渔民的后代，人们希望让航行归来的家人从远方就能看到家，喜欢明艳的强对比色。

多年来研究关注城市色彩的中国美术学院副院长宋建明教授认为，"西方城市色彩经验很难在中国全盘套用。中国城市发展是快速破旧立新，新旧交杂参差，城市主色调被不断消解甚至完全消逝了"，"经过结构性的梳理，我国城市总体上符合'素城彩市'的风貌规律，即'城'保持整体比较统一的色调界面，'市'则可通过合理丰富的色彩，成为老百姓喜闻乐见、充满烟火气的色彩空间"。期待有更多的中国"城色"之美落地生根，变成人们生活中的一部分。

赏景：塑造特色地区，织补特色网络

当你逐渐走进一座座城市，穿梭于纽约的哈德逊河、南京的紫金山、杭州的西湖、华盛顿与北京的城市中轴线、被拿破仑誉为"欧洲最美的客厅"的威尼斯圣马可广场之间，你一定会被这些城市的魅力场所和细节所折服。

这些美丽城市的特色地区，是人们体验城市特色、感知城市美感的典型地区，是通过单体建筑的织补联络、地段特色的整合塑造、开放空间与景观环境的营造等综合措施，塑造形成的特色风貌鲜明的地区。

特色地区的保护在一些国家已经成为制度性措施，如新加坡，将特色地区划定为"保育区"进行专门保护，实行"划线管理"和"动态准入"制度，其保护导则、城市设计导则在法定规划（全面规划）的"街区规划、城市设计、保育地区及历史遗迹控制图则"中被明确下来。这些地区如今成为了城市市民、游客可深入体验、深刻感知城市特色文化魅力的空间。

将散布的各类特色空间资源"碎片"和特色地区系统地"串起来"，可以形成结构性、网络化的城市特色空间结构，极大地提升人们感知、使用城市特色地区的便捷性。可以充分利用并依托城市的历史轴线、河湖水系、传统街巷，以及城市景观路等，串联特色地区周边特色资源点，形成以绿道、蓝道、慢行步道、特色街道为线索的空间特色资源"串"，以此形成空间结构清晰、特色意象鲜明、构成要素丰富、场所环境宜人的特色空间网络体系，系统展现城市空间特色和文化魅力。

资料来源：
[1] AD Editorial Team. 100 Years of Change in New York's Skyline: 1920–2020 [EB/OL]. (2018-10-22) [2019-08-09]. https://www.archdaily.cn/cn/904278/niu-yue-tian-ji-xian-100nian-de-bian-hua-1920-2020.
[2] 刘冰冰, 王泽坚. 新加坡和纽约特色风貌地区规划管理经验及对深圳的启示[J]. 国际城市规划, 2019,34(05):132-138.

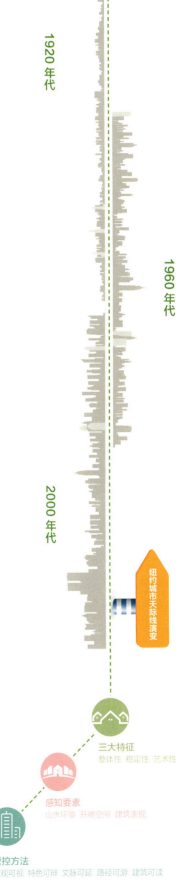

有人陪伴的城市：包容温暖的公共空间美

走入一个令人幸福的城市，它一定会有众多富有吸引力的公共场所，人们在面对面的谈笑风生中，寻找精神、情感的共鸣和归属感。

但是，孤独却是现代生活的现实，空巢老人缺少陪伴，独居青年一人吃饭，儿童因孤独拨打求助热线、残疾人几乎从来不在公共场所出现……形单影只的生活状态，在各个年龄层都存在。为了缓解超过 1/10 英国人的孤独感，2018 年 1 月英国首相任命了世界上第一位"孤独大臣"，孤独开始与肥胖、抽烟一样，成为公共话题。

告别现代城市的孤独症，需要打开城市公共空间，创造更多、更高品质、更能促进交往的公共场所，提供"到处都是伙伴"的生命感，激发生活的热情，促使人们寻找人生旅程中的同伴和朋友，从而打造温暖城市。

亲水：打开活力滨水空间

如果你去过纽约、巴黎、东京、新加坡、上海等城市，你会惊喜地发现它们都有一条母亲河，水边是人们最乐于亲近的公共空间，也是一座城市人性化的标志。在上海外滩走过的人，都能真切感受到绣花一样精细的滨水场所。这条滨水风光带如今已经延长到 45km，黄浦江两岸 45km 滨江公共空间贯通开放，贯通的公共空间面积将达 500hm^2。慢行步道、跑步道、自行车道，市民将能无障碍地畅行黄浦江沿岸；建筑后退、还江于民，一个全新的城市公共空间已经打开。

滨江不见江，近水不亲水，与不少城市一样，因为历史原因，黄浦江沿江空间被各大单位占据，连通上多有梗阻，公共属性渐弱。为了让城市与人更好地建立连接，上海决定开放 45km 滨江公共空间，既在重现"母亲河"，也是在定义未来的城市格局；是摸得着的"大民生"，也是上海迈向"卓越的全球城市"的重要一步。

上海的规划与世界城市规划的前沿思路高度接轨，体现出一种进阶的与民共享的发展理念。不仅共享经济发展成果，更共享空间形态和人文理念的变迁。一个好的城市公共空间绝不只是在"造景"，更要借此"化人"，锤炼公民意识。一次黄浦江公共空间的改造似乎也变成了城市发展思路的再整理，更成为了治理者与市民在生活观念与公共观念上的一次深层互动。

什么是好的城市，探索永无止境，但至少"向人敞开""充满温度"，应该成为所有城市规划、建设与运行的方向。

游园：植入多元功能的园林绿地

条条曲径通幽静，处处漫步气清新。城市公园是百姓最喜闻乐见的公共场所，是重要的民生福祉。

对于城市公园建设应该如何体现人性化和更好地为百姓服务，扬州公园城市建设的智囊之一刘雨平认为，公园绝不是满足一个单一的绿化目的，而是需要形成一个体系，并进行系统的搭配，公园的"大、中、小"搭配不是数量上的"好看"，而是要满足居民不同的使用需求。各地对于城市公园的实践也逐步走向共识，即城市公园不仅是赏心悦目的绿化空间，更应是老百姓交流聚会、健身游憩等多样化都市生活的交往空间。

如扬州宋夹城遗址公园的建设，2012 年底，位于扬州瘦西湖畔的"老体育场"动议拆迁，引发了一场声势不小的信访风波，让这座城市的主政者感到困惑的是，为何市民对一座已无多少使用价值且老化严重的体育场的存废如此在意。

多轮调查发现，市民真正担心的是失去锻炼的体育场地。扬州主政者意识到了老百姓对运动公共空间的迫切需求，在老体育馆拆除后，将距离不远的宋夹城考古遗址公园，打造成了一座集生态、休闲、运动、文化于一体的全民健身体育公园，2014 年 4 月，宋夹城体育休闲公园建成开放，第一年就接待市民游客 400 多万人次，成为扬州最火的公园。

园林绿化的功能统筹，需要创新方式提升资源整合能力。成都市探索将原市林业和园林管理局、国土局、建委、龙泉山城市森林公园管委会等部门职能进行整合，设置成都市公园城市建设管理局，希望优化职能配置、提升行政效率。南京大学建筑与城市规划学院教授王红扬表示，是否设立新部门并不是关键，关键是做好整合工作，完善顶层设计，公园城市的建设本质上是要推动整个城市的治理现代化。

点亮：用公共艺术妆扮公共场所

去纽约，一定会去看自由女神；如果是巴黎，一定会去看埃菲尔铁塔；而提到鱼尾狮雕塑，人们会想到新加坡，提到"尿尿小童"雕塑，人们会想到布鲁塞尔……偶然或必然，城市公园、广场中的公共艺术作品和其所在城市的形象紧紧联系在一起。

城市公共艺术景观虽常被视作城市环境营造的配角，但其重要性不容忽视。优秀的城市公共艺术展现着城市形象，承载着历史记忆，塑造着城市精神，为人们点亮城市公共空间，提供文化指引。

世界上很多发达国家的城市都有推动公共艺术发展的"1% 法"政策，该政策起源于美国 20 世纪 60 年代推行的"艺术百分比计划"，即在城市建设过程中，规定工程建设拿出 1% 到 5% 的钱，投入公共艺术品。美国费城成为世界上第一个实施百分比公共艺术政策的城市，确立其提取比例为 1%，所以这个政策又俗称"1% 法"。

随着艺术审美素养逐步提升，大众对于公共空间中的艺术景观，开始偏向于更有品位、更具精神内涵的城市艺术，这是百姓对于美好生活追求的新领域，用艺术点亮公共空间，将要面临更多现实的路径思考和实践探索。

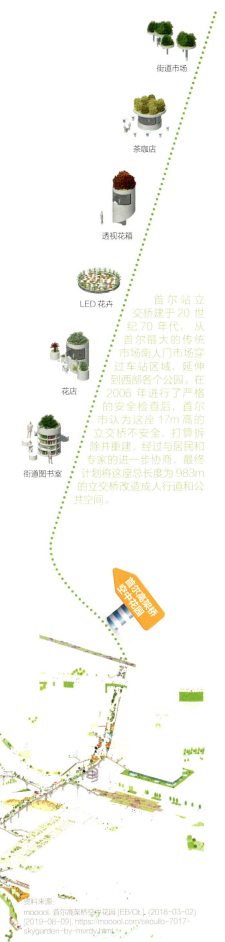

资料来源：
mooool. 首尔高架桥空中花园 [EB/OL]. (2018-03-02) [2019-08-09]. https://mooool.com/seoullo-7017-skygarden-by-mvrdv.html.

留住记忆的城市：底蕴深厚的人文内涵美

"白雪镶红墙，碎碎坠琼芳"，几乎每年冬天的落雪之日，人们都会不惧严寒，从全国各地赶往故宫，欣赏美如画卷的雪中故宫，风雪中的故宫变成凝固的诗、立体的画、贴地的音符，变成了天地间独一无二又教人守望的文化坐标。

上有天堂、下有苏杭，一座城市的伟大和吸引力，不仅仅是繁荣的经济活力，更是山水相望、乡愁记忆的精神皈依，是承载着悠悠历史和人心情思的文化记忆。

一座城市，以文化为基，以历史为柱，以精神为顶。面对新与老的冲突和抉择，保护和发展的迷思，如何让人们的情感记忆穿越历史，成为城市的魂；如何让今天的城市，给岁月以文明？

再寻那些逝去的记忆：历史遗存的保护困境

记忆不仅存在于历史的文字笔墨中，更需要眼见为实的真实感动和震撼，一个雀替可以让我们感受曾经的美学与教化，一街一坊可以让人们领略到街道社交的温暖。正所谓"目击道存"，眼睛之所见更能助人领悟"道"之所在。

悠久深厚的中华文化留给我们众多文物古迹、历史文化名城、名镇、名村，还有更多的历史文化街区、历史建筑、工业遗产、非物质文化遗产，随着中国黄（渤）海候鸟栖息地和中国良渚古城遗址成功入选世界遗产名录，中国世界遗产总数上升为世界第一，真正达到了与遗产资源大国相匹配的国际地位。

然而2019年3月，一则住房和城乡建设部对于历史文化名城遭受破坏的通报批评，将我们拉回了并不令人愉快的现实，山东省聊城市、山西省大同市、河南省洛阳市、陕西省韩城市、黑龙江省哈尔滨市5个城市因保护工作不力导致历史文化名城遭到严重破坏。回顾历史文化保护的历程，"重局部、轻整体""拆真古迹、建假古董"，不少城市抹去了自己的历史文化而丧失根基。

历史遗产保护面临着修缮维护资金巨大、遗产建筑使用权融资难、利用限制条件众多、涉及居民腾退不确定性大、成本收益的回收期长等众多具体原因，需要从增强保护意识、强化资金整合力度、增加资金筹措渠道、制定差别化政府考核体系等多方面进行系统性的改善和提升。

在国际上，可持续发展能力已经成为衡量文化遗产保护的重要标准。更好的保护离不开基于当代生活生产需要的合理而有价值的利用，文化遗产的保护期待一种更长远、更开放、更理性的态度，对文化遗产妥善保护、合理利用，关键在于找到保护和利用的平衡点。

让脚步慢下来的利用：让历史文化渐进融入现代生活

漫步在北京大栅栏的杨梅竹斜街，与外围几个胡同游人如织、热闹熙攘的氛围不同，你会感受到一种安静悠然的氛围，微型音乐厅、微型小公园、精致的设计工作室、门头低矮却别有洞天的小型餐吧……隐藏镶嵌在昏黄悠长的胡同中，引领着人们慢下脚步细细品味当代时尚生活与沉淀六百年的历史空间之间的共生魅力。

这是一种新的"渐进式微更新"历史空间更新方式带来的成果，是一条政府主导、百姓生活同步改善、文化产业创新发展的新型方式，恰如其分地找寻到了保护和利用之间的平衡点。

大栅栏实施主体为北京西城区政府下属"广安控股"及其运营商"大栅栏投资公司"，广安控股在前期房屋腾退和人口疏解时，原本计划是改一整条街，即等待居民搬迁完成之后，进行整条街的修缮招商运营。然而由于腾退居民意愿的不确定性，腾退的空房并不成片，星星点点插花般散落在胡同中，从2011年至今，1700户居民共腾退614户。

建设运营方及时调整思路，把旧城改造从"成片整体搬迁、重新规划建设"

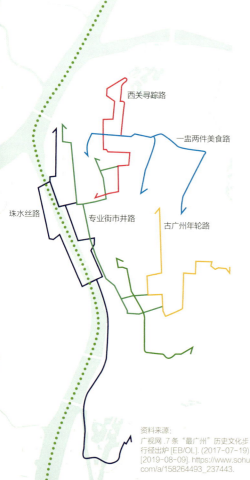

"最广州"历史文化步径获住房和城乡建设部、国家文物局点赞

西关寻踪路
一盅两件美食路
珠水丝路
专业街市井路
古广州年轮路

资料来源：
广视网.7条"最广州"历史文化步行径出炉 [EB/OL]. (2017-07-19) [2019-08-09]. https://www.sohu.com/a/158264493_237443.

2017年，广州市规划部门策划了7条"最广州"历史文化步道，根据历史文化街区特色，用步道的方式，串联最能体现"海丝风情"和"广州味道"的文化资源。

2019年，住房和城乡建设部、国家文物局印发的《关于历史文化名城名镇名村保护工作评估检查情况的通报》指出，"广州市通过建设历史文化步道串联散落的历史遗存，彰显城市文脉特色，形成'遗产融入城市功能，让生活更美好'经验。"

的刚性方式,转变为"区域系统考虑、微循环有机更新"的软性规划,进行更加灵活、更具弹性的节点和网络式软性规划,在保留原住民的基础上,以领航员计划、大栅栏新街景等一系列更新计划为平台,借助北京设计周,利用建筑师、景观师等社会力量,探索针灸式更新方式,实现"在地居民商家合作共建、社会资源共同参与"的主动改造,将大栅栏建设成为新老居民、传统与新兴业态相互混合、不断更新、和合共生的社区。

大栅栏更新走到今年已经八个年头,目前,"大栅栏更新计划"模式,被北京其他几个历史地区借鉴,延伸出"白塔寺再生计划"和"遇见什刹海"等微更新计划。核心就是在保留原住民并尊重原住民意见的基础上,谨慎地完成腾退历史空间的创造式更新。

微更新需要慢脚步,创新和精细化更新需要时间,百姓生活和当代需求之间的磨合需要时间,慢下来,给历史空间以呼吸,使其更好地融入现代生活,延伸到更远的未来。

老手艺期待年轻态:为传统营造技艺传承插上更多翅膀

在山水溪流众多的东南浙闽地区旅行,你会看见众多古朴的木拱桥,它们不用寸钉片铁,以椽靠椽、桁嵌桁的方式连接而成,桥上建桥屋遮风避雨,低调地隐藏在风景迤逦的青山绿水之中。

这种木拱桥所代表的中国传统木结构营造技艺,被联合国教科文组织列入《人类非物质文化遗产代表作名录》,以及《急需保护的非物质文化遗产名录》,掌握这项技艺的代表性传承人已不足 20 人,掌握核心技艺的 4 位师傅平均年龄已经超过 75 岁,是传统营造技艺传承人步入"银发时代"、后继乏人的典型代表。

传统营造技艺传承完全依赖政府不可持续,一两个热情人士的努力更是难以复制。从西方上百年的保护经验来看,民间意识的觉醒,以及由此带来的新生力量补充到技艺传承队伍中,才是文化代代相传的不竭动力。

《我在故宫修文物》播出后,故宫文物修复师迅速成为网红职业,每年报考故宫文物修复的年轻人迅速增长,2019 年 88 个招聘岗位接到了全国 4 万人的应聘报名,限制了名牌大学硕士以上之后,仍有 17000 人参加考试。

这让人欣喜又不失为提醒:传统营造技艺工作"曲高和寡"甚至"乏人问津",不是公众没有"文化追求",而是他们能够触摸到的有质量、有品位的营造技艺文化产品不多。我们是否能够让收藏在博物馆里的营造技艺、陈列在广阔大地上的营造技艺遗产、书写在古籍里的文字都活起来?除了走进博物馆、"面对面"对视,我们是否还可以通过各种高科技手段、通过互联网平台,让传统营造技艺文化融入当代流行文化中,让更多的人接受传统营造技艺的文化洗礼?

比如,3D 打印等技术能够让历史图景、传统构造生动再现,创造出新的文化业态。利用大数据技术,可以对营造技艺数据进行智能化分析、关联性搜索,从而更有效地进行利用。再如,运用抖音等网络传播技术,能够增强传统技艺的知识性、趣味性、时尚性。通过传统营造技艺的动漫、影视作品,传播营造工艺的美感和吸引力。开设木工体验课等学校课程,提升青少年对于传统营造技艺的兴趣。

传统营造技艺的传承,也要靠市场形成一批龙头企业和优秀人才团队,塑造传统营造的国际化品牌,形成可持续的传承机制。如日本形成了专业古建企业与民间分散的工匠合作的传承机制,在文物古迹的修复实践中,古建修复公司和民间匠人合作,将木、瓦、屋顶、墙面、槅扇拉门等多个专业工作分包给这些公司,共同完成重要历史建筑的修缮工作,形成古建技艺的长效传承机制。

政府、社会和行业的携手努力,才能推动传统营造技艺代代相传,绵延不断。文化传承之路,需要我们锐意创新,不断前行。

北京"共生院":让老胡同焕发出新生机

"共生院"是北京市历史文化街区一种小规模渐进式更新改造方式,这种方式注重在历史文化街区复兴的过程中改善民生服务。

"共生院"的三种改造方式

新老建筑共生
在完成大杂院部分居民腾退后,利用腾退空间为居民改善居住条件,建设包括共享厨房、污水处理设施、卫生间等市政设施和其他公共服务设施。

新老居民共生
对于腾退出来的居住空间,引入新居民居住。包括对胡同文化感兴趣的青年人、创造办公空间引入文创产业年轻人、入住院落酒店民宿的游客。

文化共生
原居民对传统四合院文化传承、传播,新居民为老城文化发展注入新活力。腾空建筑除引入新居民外,也引入图书馆、文化创意产业等新业态。

资料来源:
每日建筑,老胡同·新生活 | "共生院"让老胡同焕发出新生机[EB/OL]. (2019-03-08) [2019-08-09]. http://dy.163.com/v2/article/detail/E9LJ7OLK0520i0SL.html.

图片来源:
北京大栅栏琉璃厂文化发展公司. 大栅栏互动式地图[EB/OL]. (2016-07-07) [2019-08-09]. http://www.dashilar.org.cn/.

"共同缔造"扬帆起航

□ 整理 仇婧妍

为了所有人的宜居城市，需要所有人的共同努力，党的十九大报告指出，要"打造共建共治共享的社会治理格局"。如何通过高效的社会治理，听见每一个声音，收集每一份力量，提高城市中居住的每一个人的福祉，是全球共同关注的问题。从国内外相关实践来看，虽然形式各异、过程不同，但都呈现出丰富多元的主体参与特征。在本篇中，我们将一起探索如何通过社会赋能，有效组织各方主体，推动美好生活"共同缔造"的扬帆起航。

党建 新时代的"支部建在连上"
定锚领航 发挥基层党建的力量
发挥光和热 广大居民 我的地盘我做主
优化职能 政府 小船开得快、全靠船头带
暖起来 社区能人 站起来 社区志愿者
鼓励参与 动起来 伸出勤劳手
同舟共济 社会组织 乐于奉献 良性互动 陪伴服务
扩大影响 企事业单位 有力支持
设计师 亮出身份牌 扬帆起航

资料来源：
[1] 余池明. 社会治理"共同缔造"模式的四个版本[N]. 中国城市报, 2019.04.15.
[2] 边防, 吕斌. 基于比较视角的美国、英国及日本城市社区治理模式研究[J]. 国际城市规划, 2018,33(04):93-102.
[3] 谢疆枰. 国家与社会互动视角下的社区治理[D]. 清华大学, 2016.
[4] 柳长青. 城市社区精细化治理：经验分歧与进路选择[D]. 华中师范大学, 2017.

中国：党建引领下的共同推进

改革开放以来，中国的城市基层社会完成了由单位制、街居制向社区制的整体转型，社会治理的重心不断向基层下移。在当代中国社会治理的历程中，党和政府的领导始终具有决定性的地位。围绕多元主体培育、长效制度设计等方面，近年来先后开展了云浮模式、美丽厦门共同缔造、幸福沈阳共同缔造、美好环境与幸福生活共同缔造四个版本的实践。

日本：高度整合的基层市民自治

1960年代以来，日本政府通过开展社区营造，在地方实施分权与鼓励自治，实现了基层社区的高度整合。社区居民具有较强的参与意识，市民组织和町内会等组织是社区居民多方式参与社区治理的重要途径，实现了由"市民参与"到"市民主体"的转变。日本重点关注提升社区文化、完善社区组织、规范非政府组织、提高社区服务水平等方面。

美国：第三方力量崛起下的社区自治

美国社区在社会自治的传统上发展，被赋予自主规划和治理的权限。其特点为第三部门发展程度较高，在《社区发展法案》《社区发展资助项目》等政策支持下，社区发展公司（社区代表管理下的非盈利组织）成为重要的社区治理力量。美国重点关注社区贫困、社区服务水平和环境、社区公平和安全、市民参与等方面。

新加坡：行政主导下的公众参与

作为"善治"典型的城市型国家，新加坡政府在社区治理中起主导作用。新加坡注重社区组织在社区中的积极作用，一方面通过政府把控社区建设方向，另一方面强化基层社区组织的建设，实现公众充分参与和广泛动员，形成政府治理与居民自治的良好互动。新加坡重点关注民众需求，长效化、精细化服务，增强协商共治并减少行政管制。

英国：政策驱动下的多方互助合作

英国的社区问题起源于城市复兴，受到人权运动的影响，强调一组政策导向下具体项目的实施。社区治理的主体由中央向地方、公共向私人、单方向多方转变，建立了"多方互助合作伙伴关系"，促进政府与非政府、社区、私人部门和公共部门的协调合作。英国重点关注协调发展城市及区域，提高社区活力、魅力和服务水平等方面。

全球共同缔造的实践

定锚领航

如果说"共同缔造"是一艘船，航行的目的地是美好生活的构建和社会治理格局的完善，那么党和政府在其中就应起到"锚"和"船头"的作用。在"共同缔造"的航行中，充分发挥基层党组织和在地党员的定锚力量，则稳定了船体、稳固了航程。"小船开得快，全靠船头带"，政府无疑是"共同缔造"的船头。怎么实现政府的有效治理，如何"四两拨千斤""功夫花在刀刃上""团结一切可能团结的力量"，这都是值得探讨的问题。

新时代的"支部建在连上"——发挥基层党建的力量

党的十九大报告要求，"把企业、农村、机关、学校、科研院所、街道社区、社会组织等基层党组织建设成为宣传党的主张、贯彻党的决定、领导基层治理、团结动员群众、推动改革发展的坚强战斗堡垒"。2019年2月，住房和城乡建设部发布《在城乡人居环境建设和整治中开展美好环境与幸福生活共同缔造活动的指导意见》，在总结福建、广东、辽宁、湖北、青海等省份的实践经验的基础上，提出"以建立和完善全覆盖的社区基层党组织为核心，以构建'纵向到底、横向到边、协商共治'的城乡治理体系、打造共建共治共享的社会治理格局为路径"的基本做法。

通过上述实践研究，可见要充分发挥基层党建的力量，需要将个人、组织嵌入以基层党建为经纬线的横纵网上，整合各类组织，贯彻党的领导。如珠海市北堤社区将"红色+"社区工作有机融合，再如沈阳市牡丹社区建立"社区党委—网格党支部—楼院党小组—楼栋党建联络站"四级组织架构。

"社区大党委"在共同缔造中也发挥着"搭台"的作用，搭好台才能唱好戏，才能深入推进社区党建工作从垂直管理向区域整合发展，实现社区党建工作"条块结合"。以潍坊市奎文区为例，早在2009年，全区已建立"社区大党委"32个，覆盖率达到80%以上，建立区、街、社区三级"党员服务联盟"46个，吸纳各类服务队伍300余支。

党员在共同缔造中可以充分发挥先锋带头作用，如海南五指山市通过"居民点单、支部下单、党员接单"的形式，完成了"党员所能所愿"和"群众所需所盼"的无缝衔接。

资料来源：
城市化研究院.【珠海北堤工作坊】"红色+"社区议事协商，党员代表发挥先锋模范作用[EB/OL].(2018-06-13)[2019-07-07]. https://mp.weixin.qq.com/s/fJWXYfQOrM9k-Pb-WOQFJA.

牡丹社区以自管党员和在职党员作为基础，以社区大党委作为牵引力，以两代表一委员作为撬动力，探索出"一核多元，共治共享"社区治理新体系。

1. 发挥社区大党委的牵引作用，凝聚沈飞集团工会、七三九医院、航空实验小学等单位的力量，采用"专职委员+兼职委员"模式，搭建居民议事平台。

2. 发挥自管党员及在职党员的基础作用，党员骨干通过座谈会、宣讲会、入户走访等多种形式征集整合意见，使得拆除违建工作顺利进行。

3. 发挥"两代表一委员"的撬动作用，代表委员捐赠社区广场的休闲座椅，并为社区广场绿地增补树木，美化了社区环境。

4. 发挥社区共建共管共享的作用，沈飞集团在幸福广场上与社区共建休息亭，七三九医院认领安装社区防护围栏，增强了社区凝聚力。

沈阳市牡丹社区以基层党建带动社区治理重构

牡丹社区与沈飞集团大党委党建工作启动仪式

拆除违建后，施工队在进行立面出新

广场上的绿廊与休息椅

沈飞集团与社区共建的休息亭

资料来源：
[1] 皇姑区人民政府.2018年皇姑区三台子综合商业区牡丹社区工作总结[EB/OL].（2019-12-12）[2019-07-07]. http://www.syhg.gov.cn/html/HGQZF/201812/154379828381046.html.
[2] 牡丹社区.三台子功能区牡丹社区党委与沈飞二十一厂党总支 共筑党建新模式[EB/OL].（2017-04-27）[2019-07-07]. https://www.meipian.cn/ibz73sz?from=groupmessage.
[3] 城市化研究院.【共同缔造】人民日报给牡丹社区点赞！共同缔造工作坊活动回顾[EB/OL].（2017-09-06）[2019-07-07]. https://www.oursla.com/activity/activity.php?id=53.

小船开得快，全靠船头带——优化政府职能

共同缔造需要政府的方向引领，而不是事无巨细的大包大揽。市民和政府的关系应从"你和我"变成"我们"，从"要我做"变为"一起做"。

围绕房前屋后的实事、百姓身边的小事，把"不该管的""不应管的"事项下放给社会，并实现社区"有权管事、有人做事、有钱办事"。如厦门市海沧区政府一期下放58项行政事项，二期又下放27项，并为承接任务的基层机构配备相应的人员和资金，给予培训指导。

与此同时，政府应发挥媒介平台的作用，扩大资源运用，链接并强化各类主体。群众心声要耐心听取，真正做到动员全体居民有效参与；企事业单位的积极性要充分调动，切实实现政企合作新局面；社会组织的发展要不断助力，有效保障社会自治自管力量壮大。

在共同缔造过程中，往往会出现政府已开展了一定工作，群众却依然"不关注""不参与"等情况，这要求政府在服务型道路上走得更稳、更远。通过"网格化"治理、"以奖代补"激励、"互联网+政务服务"共享等手段，实现与群众零距离接触、心与心相连，不断增强人民群众的主人翁精神。

资料来源：
[1] 胡雅琼. 牵引共治：强国家下的城市社会发育 [D]. 华中师范大学, 2016.
[2] 范子娜. 政府引导：基层社会治理创新有效实现的外部条件 [D]. 河南大学, 2015.

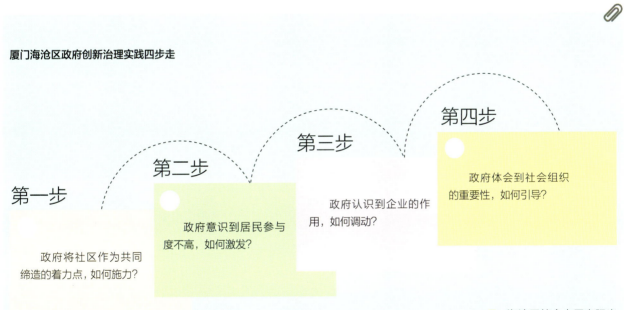

厦门海沧区政府创新治理实践四步走

第一步
政府将社区作为共同缔造的着力点，如何施力？

政府优化社区工作架构，依托"网格化·微自治"的创新管理模式，把部分基层可以承担的社会管理与公共服务事项移交给"四民家园""乡贤理事会"等自治组织操办。

第二步
政府意识到居民参与度不高，如何激发？

加强群众宣传，充分了解群众需求，在公园、广场等人群密集场所建立20多个意见征集点，先后组织召开群众座谈会50多场，并利用政府网页、政务微博、小区微信平台宣传"美丽厦门"战略规划，广泛征求各方意见建议。

第三步
政府认识到企业的作用，如何调动？

政府以引导企业共驻为理念，开展多样化的宣传，在企业员工食堂制作宣传展板、播放多媒体宣传片，发放宣传手册。先后组织领导干部走访100多家企业，开展"送政策，送资金，送服务"的活动3300场，构建社企合作新理念。

第四步
政府体会到社会组织的重要性，如何引导？

海沧区结合本区实际出台了《培育发展社区社会组织的实施方案》，探索出了一条"先发展与备案，后登记"的管理制度，扶持与培育互助类、公益类、维权类等对基层社会自治具有导向作用的社会组织。

资料来源：
[1] 李晓群，白雪娇，王伯房，李文娇. 互动共治：厦门海沧社区治理实践 [N/OL]. 东方早报，（2015-03-03）[2019-07-07]. http://news.hexun.com/2015-03-03/173680232.html.
[2] 范舒婷. 海沧区共同缔造"四大成效" [N/OL]. 厦门日报，（2013-12-06）[2019-07-07]. http://www.xmtv.cn/2013/12/06/ARTI1386314896925591.shtml.

我的地盘我做主

社区（community）一词源于拉丁语，意思是共同的东西和亲密的伙伴关系。社区是城市的基本单元，也是美好生活社会治理的基层实践场所。尽管社会个体发展原子化是大势所趋，但实际上，每个社区居民都有自己的生活需求和交往需求，都试图在社区中创造属于自己的"理想国"。

在社区理想国里，社区居民是当之无愧的主人翁，打破了"等靠要"的僵局，发扬了"我的地盘我做主"的精神。其中涌现出一批批的热心居民，扮演了社区能人、志愿者等角色，并带动更广大的居民一起，为共同缔造添砖加瓦。

亮出身份牌——社区能人站起来

从这些年各地的实践来看，即使社区营造把公众人物、贤良人士聚到一起讨论社区公共事务，也不一定能得到完善的成果。这是由于讨论者如果不具备特别的资源，讨论出的方案就会缺乏执行力；再加上执行的责任如果落到政府方，又要考虑很多因素，并不是可以马上投入施行。诸如此类的问题，使得共同缔造陷入了"有事不议—议而不决—决而不行"的怪圈。那么出路在哪里？应该有一群富有公共事务自组织和执行能力的热心居民站起来，担当共同缔造的领袖。

社区能人往往是社区的领袖，在社区内拥有良好人际关系和社会资本。根据观察，社区能人一般有这样几个来源：社区里的意见领袖、自组织领袖、楼组长或业主代表、业委会委员等。

自觉、自动、自发对于"社区领袖"固然重要，但能否让他们在为社区工作的过程中变得更有能力也非常重要。应为社区能人搭建一个平台，不拘身份，不拘形式，给他们提供一个有利于形成多元治理的良好环境，鼓励他们"亮出身份牌"，主动承担社区公共事务。社区能人可以通过组织集体活动、调节住户矛盾、链接外部资源、谋求公共福利、整合不同意见等途径，发挥"能人效应"，建设"熟人"社区。

邻里协调、社区规划……武汉市武昌区南湖街里住着180名"社区能人"

武汉市武昌区南湖街"了不起的居民"寻找社区能人活动启动于2017年9月，得到了居民的积极响应和踊跃参与。经过层层推荐、网络投票等评选形式，180名社区能人脱颖而出，包括退休后带动社区党员清理邻里文化广场广告的基层党建能人、带领业主参与暴雨灾后重建并组织服务的志愿服务能人、义务教授青少年书法和绘画的社会动员能人等十大类型。

自助志愿服务兑换机助力社区志愿者服务

北京市西城区展览路滨河社区出现了一个新鲜物件——"益行社区"自助志愿服务兑换机。"益行社区"兑换机以"供需平台+网络平台"模式，创新积分管理理念，搭建志愿者积分管理平台。

社区工作人员通过"益行社区"微平台，在手机端就能发布志愿公益活动，减少了管理工作人力投入；志愿者可以通过手机了解活动内容并进行报名，参与公益活动后通过手机进行记录并获得一定的公益积分，随时通过兑换机扫码领取一定的小奖励，提升志愿工作热情。

"益行社区"入驻社区后，深受广大志愿者欢迎。志愿者王阿姨是位热心公益事业的退休工人，经常积极参与社区清洁的工作，她说："我退休了，就想多为大家做点事儿，现在通过手机就能了解有哪些活动在招募，报名方便，而且服务完成还能获得积分，在门口的机器上就能兑换自己喜欢的东西，自己的工作得到认可，特别有干劲！"

南湖街"了不起的居民"社区能人表彰大会

多名志愿者到服务站进行积分清零和兑换各类礼品

资料来源：
[1] 邓利武. 邻里协调、社区规划……南湖街里住着180名"社区能人" [EB/OL]．（2018-01-31）[2019-07-07]. http://www.cjrbapp.cjn.cn/p/13498.html.
[2] 陈悦,单芳. 一日益行助力社区志愿者服务 [EB/OL]．（2019-03-06）[2019-07-07]. http://pic.people.com.cn/GB/n1/2019/0306/c1016-30961248.html.

发挥光和热——社区志愿者暖起来

一般来说，社区志愿者有四种类型：一般志愿者（数量多但非常态）、核心志愿者（随叫随到的主力）、专业志愿者（具备一定的专业知识）和专职志愿者（可以全职工作的社区工作者）。

志愿者能扮演什么样的角色，各方一直在实践中探索。曾经有志愿者到四川震后灾区营建了儿童图书角，带领当地的孩子一起读书，结果他们却帮助了爱打麻将、不爱带孩子的家长。家长本来带着孩子打麻将，一看到志愿者，就把孩子"交付"给志愿者，专心投入麻将，令人啼笑皆非。社区志愿者不应该拘泥于某一项具体的工作，而是能够激发社区精神，参与并强化一个"完整"的共同缔造过程。如何挖掘、激励志愿者，形成"一来、二不走、三抱团"的局面；如何发挥志愿者的作用，激发社区凝聚力，巩固社区活动成果，都是共同缔造需要解决的问题。

为了调动志愿者的能动性，应做好志愿者管理登记、督导培训等工作，建立完善志愿者绩效评估机制。志愿者们则在制度的激励下、奉献意愿的驱动下，发挥自己的光和热，增强社区吸引力。如在厦门市金鼎社区，由专业志愿者带领电工组成"救火队"，奔赴现场进行维修，推助老旧小区改造；社区还活跃着一支志愿巡逻队，既可以守护居民安全，还可以及时处理纠纷和摩擦。志愿者们还可以通过策划具体活动、对接利益相关方、参与活动发布与宣传、日常维护社区管理、招募志愿者队伍等途径，在社区方方面面实现自己的价值。

资料来源：
[1] 吴楠等. 社区幸福生活–社区互助参与营造手册 [Z]. 2016(2).
[2] 枫森. 社区营造, 为更好的社区生活而生 [N/OL]. 解放日报, (2018-11-12) [2019-07-07].https://www.shobserver.com/journal/2018-11-12/getArticle.htm?id=260911.

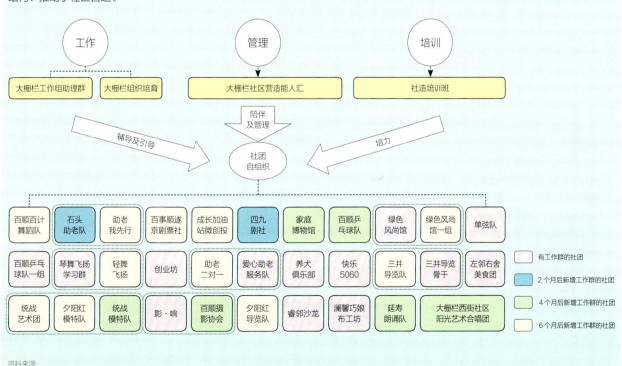

北京大栅栏街道社团组织自组织培育

大栅栏街道位于北京的中心城区，经历了长期的社会治理自组织创新实践。自组织形成的首要条件，是社区能人的动员过程。通过社区能人的"育苗"，形成社区团体的"种子"。种子萌芽后，通过培育组织的辅导及引导、能人汇的陪伴及管理、社造培训班的培力，逐步成长为"小苗""小树""大树"。仅用6个月时间，社团组织由13个工作群发展、成长、分化为32个工作群，很好地发挥了社区志愿服务的作用，极大地丰富了社会网络结构、推动了社区营造。

资料来源：
[1] 梁肖月, 罗家德. 城市社区自组织培育历程研究——以大栅栏街道培育社区自组织为例 [J]. 国际社会科学杂志（中文版）,2019,36(01):60-74,6,10.
[2] 梁肖月, 罗家德. 大栅栏街道社区自组织培育历程研究 [J]. 城市建筑,2018(25):24-27.

伸出勤劳手——广大居民动起来

仅仅靠着社区能人和社区志愿者的带动，远远不足以支撑"共同缔造"的持久航程，基于社区内部力量的人际网络才是共同缔造最大的驱动力。广大居民是社区关系重建的主体，应在社区这个公共领域中，构建"有温度、有责任心"的"类共同体"。

"咱们小区楼道里的小广告又多起来了，业委会买好了涂料和工具，谁有空明早一起来粉刷？"宁波市江北广庭社区三和嘉园业委会主任熊佩娜的消息一发出，业主 QQ 群就传来"滴滴滴滴"的提示声，10 余名居民踊跃报名。往日楼道小广告无人过问，如今居民自发参与粉刷清理，角角落落变得清清爽爽，面貌焕然一新。

像这样的，由广大居民参与、"伸出勤劳手"的活动，还有很多很多。居民参与的方式有很多种，有按照活动类型区分的，如踊跃参与交流讨论、群众访谈会，主动提出社区问题、挖掘社区资源；如积极加入社区团体、社会组织，投身艺术活动、开展课程培训；如热情提升社区环境、公共设施，认领认管公共空间、整治房前屋后；如配合遵守居民公约、制度考核，倡导协商共议、推进共谋共建等等。也有按照参与人数区分的，如日本海士町按 1 个人、10 个人、100 个人和 1000 个人能做的事编写行动提案。无论是哪种方式、哪种分类，值得肯定的是，居民们在思想上主动响应，在行动上积极配合，充分发挥了主体作用。

"类共同体"的新型邻里关系

有温度	不要冷漠	共同领会 默认一致
有责任心	不要刁民	换位思考 检验自己
共同体		血缘地缘精神
公共领域		积极生活

资料来源：
[1] 吴楠.社区幸福生活 - 社区互助参与营造手册[Z].2016(2).
[2] 四叶草堂 . 讲座 | 社区营造是什么？不懂啊 -- 昭吟老师带你解读社区营造[EB/OL].(2019-07-16)[2019-07-16].
https://mp.weixin.qq.com/s/a6JqyxxLPZP1W_WPTCH_mg.

日本岛根县海士町——1 个人、10 个人、100 个人、1000 个人能做的事情

海士町位于日本岛根县隐岐诸岛，离日本本土约 60 千米，饱受老龄化、财政债务和人口减少的困扰。为实现地方复兴，近十年来，海士町的町长组织编制了名为《岛的幸福论》的《第四次海士町综合振兴计划》（以下简称《计划》）。

《计划》在实施中得到了居民和政府的广泛支持，将居民意见形成附录，命名为《打造海士町的 24 项提案》，并分成了 1 个人能做的事情、10 个人能做的事情、100 个人能做的事情和 1000 个人能做的事情，居民翻开提案，就能清楚地知道要做什么，该怎么做。

- 1 个人能做的事情：明天即可开始动手
  - 01. 让我们步行生活
  - 02. 找个好工作
  - 03. 传承奶奶的智慧和海士的味道
  - 04. 更珍惜水
  - 05. 你的垃圾是我的宝贝
  - 06. 从化石燃料转向自然能源
- 10 个人能做的事情：首先从建立团队开始
  - 07. 相约海士人宿
  - 08. 培育孩子王
  - 09. 制造特产
  - 10. 像"假期"的工作
  - 11. 移动售卖的旅行车
  - 12. 打造安全的街区小酒馆
- 100 个人能做的事情：与行政单位合作
  - 13. 过农耕生活
  - 14. 让竹之里山复活
  - 15. 开设"情报局"
  - 16. 想要的东西是岛上生产的
  - 17. 相互扶持、一起生活
  - 18. 说"我回来了"
  - 19. 打造里山、里海
  - 20. 一起学习岛的生态
- 1000 个人能做的事情：与行政单位合作
  - 21. 地区支持学校建设
  - 22. 创造有魅力的岛前高中
  - 23. 进入海事大学
  - 24. 申报城市建设基金

> **07 将乐趣延伸，相约海士人宿**
>
> "海士人宿"是 50 年前海士町年轻人的聚会场所。人们在此相遇，讨论海士町的未来。现在有愈来愈多的人返乡移居海士町，不少人彼此虽然见过，却没有机会交谈。其中一项原因，便是少了一个可以让人们随意谈天说地、熟络交流的空间。
>
> 于是，我们考虑打造一个现代版的"海士人宿"。地点是岛内不再使用的托儿所等闲置设施。主题是"乐趣"。大家可以利用这个闲置空间，用自己的喜好与兴趣制造岛内互动交流的机会。足球爱好者可以规划一场足球赛观战聚会、擅长手工艺的人可以开设工作坊或手艺教室、厨艺精湛的人可以经营一家每日变换菜色的咖啡馆……不必耗费预算盖一座新设施，而是营造出一块空间，让男女老幼每个人因为某种事物（技能）欢聚在一起，这就是"海士人宿"。

资料来源：
海士町 . 第四次海士町综合振兴计划[EB/OL].(2009-05-30)[2019-07-07].
http://www.town.ama.shimane.jp/gyosei/soshin/.

同舟共济

在共同缔造的过程中，除了党政机关的指引、居民自发的努力，还应凝聚更多来自社会的力量。以社会组织、在地企事业单位、设计师为代表的社会力量，为共同缔造注入活力，用丰富的专业经验和相关优势，共创美好生活。

有力支持——社会组织

从发达国家和地区的经验来看，共同缔造的过程中需要发掘第三方组织的力量。社会组织的发展有利于创新社区服务的提供方式，给政府"减负"；有利于增强公民社会管理意识，给居民"赋能"；更有利于"授人以渔、助人成长"，为全社会"造血"。

社会组织的构成形式和分类方式是多种多样的，其服务范围和业务模式也千差万别。通过培育发展和规范管理，能够激发与巩固更为广泛的社会力量。如南京翠竹园社区的翠竹园社区互助会，前身是住区居民自治团体，后经备案，注册为民办非企业单位，2015年成立南京互助社区发展中心，支持无锡、镇江、成都等地的共同缔造；如台湾信义公益基金会，依托于房地产企业，目的是回馈社会，在台湾、上海等地进行了丰富的社区营造实践，探索了共同缔造的前置模式；如长沙HOME共享家，是一家民间公益组织，致力于推广可持续的生活方式，协助政府进行共同缔造，在全市范围开展各种文化活动，先后建立36间房、HOME书房等公共设施。

资料来源：
成都市民政局. 全民社造实践平台. 中国社区营造案例集（一）[C]. 2018.

扎根社区、培育公益——上海市凌云社区基金会的探索和实践

2017年，凌云社区基金会由凌云街道办事处全额出资200万注册成立。成立当年，基金会培育和支持了5个项目，发动了专业的社会组织、居民区的社工干部、华东理工大学的专业社工、居民的自组织团队等力量，覆盖了整个凌云街道。

2017年，基金会发起"YOU"论坛项目，邀请国内专家及社区基金会工作人员分享经验；2018年，该项目在全面社造平台、正荣基金会和徐汇区民政局的支持下，发展成全新的"LanTalk·上海"项目，并举办多期"微Talk"活动。

"河"你相约项目

绿水行——护河治水行动项目

智慧妈妈动起来项目

"凌云展翅"
——凌云社区困境青少年成长计划

健康棒棒"糖"
——闵朱梅九健康邻里圈项目

图片来源：
凌云社区基金会. 2017年凌云社区基金会社区项目一览 [EB/OL]. (2017-06-16)[2019-07-07]. https://mp.weixin.qq.com/s/nMT4iFKWflvUBrvmuCjJ1A.

资料来源：
成都市民政局. 全民社造实践平台. 中国社区营造案例集（一）[C]. 2018.

乐于奉献——在地企事业单位良性互动

社区周边的企事业单位是社会的一员，是社区的邻居，与社区共享种种资源，有着割舍不断的社会关系。企事业单位在给社区解决就业等经济问题的同时，可能也会引发污染、噪声等环境问题。既然企事业单位与社区存在如此密不可分的关系，那么他们有义务承担起相应的社区责任，积极支持社区建设并协调社区的关系。

从现有实践看，企事业单位可以通过现金捐赠、物资援助、员工志愿者派遣、慈善团体生成、设施开放共享、活动组织策划等方式，积极投身共同缔造事业。这并不是一味的付出，本质上也是一种"双赢"。企事业单位进驻社区、回馈社会，一方面可以提升社会的硬件基础设施、改善软性人文环境，单位可以从中获取便利；另一方面可以提升单位形象、赢得民心，从而吸引更多的就业、促进单位发展，更好地巩固社会关系。例如日本佳能公司，自2003年起每年组织居民参加公司运动会，在企业附近社区开设"镜头工作教室"，在东京大田区举办"多摩川河道美化活动"，极大地宣传了企业形象，促进了企业的可持续发展。

资料来源：
程永明.企业的社区志愿者活动——以日本为例[J].社会工作下半月(理论),2010(02):60-62.

厦门市莲花香墅片区友善商家计划

厦门市莲花香墅片区汇集众多商家，吸引人们来此消费，却由于缺乏管理，带来一系列污水、油烟、噪声等环境问题，与居民产生较大矛盾；另外，由于停车位等公共资源本就有限，而商家对停车位等公共空间的需求扩大，进一步激化双方矛盾。在街道办和居委会的牵头下，由商家协会组织"破冰"行动，开展友善商家计划。

资料来源：
王蒙徽,李郇.城乡规划变革 美好环境与和谐社会共同缔造[M].北京：中国建筑工业出版社,2016.

步骤	主题	内容	说明
第一步	社区规划师培训		商家协会组织建设，以文创社为例，讲述如何组建商家协会、推广品牌影响、开展丰富活动等。 商家房前屋后美化培训，以鱼寿司为例，讲述如何整理空间、美化改造庭院等。
第二步	组建商家联盟		拟定相关章程、自律联盟公约、建设商家协会网站等，自觉接受居民、城管、工商部门的监督。
第三步	改善环境	改造店铺排污设施 推进店铺美化 协商营业时间 推广垃圾分类 开展门前三包	① 改造店铺排污设施：针对大排档、烧烤摊等店铺，开展工程改造，应达到国家餐饮排污标准，改造结果申请以奖代补，补贴改造费用。 ② 推进店铺美化：进行店铺房前屋后的自我美化与改造，对美化结果进行评比，申请以奖代补。 ③ 协商营业时间：按照不同的经营业态和方式、由商家和居民一起协商营业时间；如遇特殊时期，如世界杯等，可适度延长。 ④ 推广垃圾分类：鼓励店内垃圾分类处理，推广绿色健康消费观念。 ⑤ 开展门前三包：商家充分发挥主人翁精神，划定责任区，包卫生、包秩序、包绿化。
第四步	回馈社区	开展社区活动 开展活动空间 关怀需助群体 分时共用停车位活动	① 开展社区活动：申请举办社区活动，邀请居民参与健康饮食节、美食品鉴会等活动；积极协助社区活动，提供资金赞助、服务赞助、人力赞助等支持。 ② 开展活动空间：开放店铺房前屋后空间，包括活动室、庭院等给居民，作为社区聚会、活动的场所。 ③ 关怀需助群体：组织商家成立"爱心商家联盟"，拥有爱心卡的群众在成员店消费可以享受最低折扣，支持顾客购买"待用餐"，爱心卡群众可免费享用。 ④ 停车位分时共用活动：拟定片区公共停车位管理办法，制定分时共用公约，经营时间段供消费群体使用，非经营时间段供居民使用，不遵守规定的商家和居民予以处罚。
第五步	实施奖励	评比公共空间 市政改造的效果 申报以奖代补	通过以奖代补，征求居民满意度，对商家改造、美化行动进行评比奖励。

陪伴服务——设计师角色转变

在传统设计模式中,设计师被视为拥有专业技能和素养的"精英",但是由于外部"空降",对社区缺乏深入的了解,对群众缺乏足够的关注,会产生"好看不好用""治标不治本"等问题。在共同缔造中,设计师的角色发生很大转变,由单一的"旁观者"变成多元的"参与者""陪伴者",甚至搭建一个协调多元主体利益、平衡多元主体诉求的专业平台,从以往的物质规划的主体转向利益调节的主体。各地实践中涌现的共同缔造工作坊就是这样一个载体,为所有人提供参与设计建设过程的机会。

无论设计师的角色如何变化,其多面手的定位是不变的。他们同时是学习者,广泛学习,增强实践能力,贴近群众生活;是组织者,拟定计划,梳理现状问题,推进活动进行;是宣传者,扩大宣传,解说美好家园,便于群众理解;是沟通者,收集意见,促成多方交流,协调平衡矛盾;是教育者,传授技能,提供专业支持,丰富课程培训;是规划者,总结成果,促进社区发展,践行自身使命。

资料来源:
王蒙徽,李郇. 城乡规划变革 美好环境与和谐社会共同缔造[M]. 北京:中国建筑工业出版社,2016.

珠海市北堤共同缔造工作坊打造碧涛路美丽街角

珠海市北堤社区共同缔造工作坊由珠海市住房和城乡规划建设局、香湾街道、北堤社区、中山大学城市化研究院、广州中大城乡规划设计研究院有限公司以及珠海市建筑设计院等共同组成,围绕碧涛路美丽街角的改造开展长期的讨论。

2017年12月,工作坊发动居民,举办社区问题讨论会,共同形成了美丽街角行动计划。

2018年4月,工作坊举办了参与式规划设计活动,确定选取碧涛路作为美丽街角示范。

2018年6月,工作坊提出了两版方案设想,居民参与评选后,由工作坊整合形成方案。

2018年9月,改造后的碧涛路美丽街角成为北堤社区的新地标和"益生菌"。

施工完成后,居民针对一个步行出入口提出优化建议,工作坊积极回应,增设花坛封闭行人出入口。

2018年7月,工作坊对接施工单位,碧涛路美丽街角开始施工。

资料来源:城市化研究院.【珠海北堤工作坊】碧涛路美丽街角——建居民自己想要的社区公园[EB/OL].(2018-09-12)[2019-07-07]. https://www.oursla.com/activity/activity.php?id=63.

扬帆起航

共同缔造的真正要义是激发所有人的"自发性",克服"依赖"惰性和"被动"惯性,"主动"缔造美好生活。这需要所有人的不懈努力、常态坚持;需要实操层面的因地制宜、因势利导;需要认知层面的"拧成一股绳,共圆一个梦"。下文的上海福山路跑道花园就是各方主体协助共建、推动"共同缔造"扬帆起航的一个系统案例。

1 背景

上海福山路共建跑道花园

绿化带分隔人行空间

机动车停放混乱

缺少舒适的行人休憩设施

非机动车随意占据人行道

道路红线内外空间缺少组织

夜间照明不甚理想

福山路跑道花园位于上海浦东新区陆家嘴街道。跑道花园原是某健身房门前一片不起眼的公共空间,功能单一、缺乏主题特色,路面高低不平,下雨积水,滋生蚊虫,也常有人遛狗,环境不尽如人意……

陆家嘴街道党工委搭建"党建+公益"区域大平台,积极引入社会组织参与公益项目的设计与运维。陆家嘴社区公益基金会响应党工委号召,开展各类公益项目。

2016年3月,该健身房向街道提出,希望出资对其门店前的公共空间进行改造提升。企业自发改造的热情得到了街道办的回应,社区组织街头采访,倾听居民对公共空间需求的发声。

🔊 百姓声音

> "刚从梅园公园锻炼回家休息。梅园公园人太多,每天早上都挤不下。这里要是建个跑道就太好了。"
> "小区里的锻炼设施不好用,座位也不够。"
> "座位最好朝向街面,让我们老年人看看行人,看看车。"
> "晴天大多数行人都在树荫里的人行道上走。到了下雨天,很多人会走到绿篱内侧,因为这一侧的混凝土地面比人行道上坑洼的砖头铺地好走。"

2 缘起
聚焦社区问题,听居民的发声

经过一系列的访谈调研，街道办对居民的需求有了基本了解，迅速成立项目组。

陆家嘴社区公益基金会招募设计师等专业志愿者参与项目的方案设计。

2016年5月，设计团队快速给出设计提案，福山路商城路街边健身道设计方案初步形成。

3 起航
招贤引智，组织专业志愿者方案初成

初步方案设计完成后，项目组开展了入区宣传，听取居民对项目方案及社区未来发展的建议。此外，还采取头脑风暴、分组讨论的方式，邀请居民、设计师和专家对方案进行讨论。

4 再助力
宣传、调研、讨论，组织多方齐参与

项目组与同济大学建筑与城市规划学院达成合作，引入"城市花园"的概念，在设计中加入了儿童元素，彰显公共空间的人文关怀。

2016年12月，由陆家嘴街道出资30万元、商户出资10万元（其中7万元为服务捐赠），在区政府、学校、社区基金会、居委会和商户的共同配合下，福山路跑道花园正式施工实施。

5 落定　携手相看，未来将更加美好

2017年3月，项目竣工，如今这个70多米的跑道空间承载着运动、游戏、休憩等功能，成为社区居民公共生活的戏剧舞台。未来，还会发生更多惊喜……

资料来源：
[1] 江苏省城镇化和城乡规划研究中心. 上海福山路跑道花园：从人行道到可生长的公共生活舞台[J]. 江苏城市规划,2018(09):40-41.
[2] 王宇. 社区公共空间营造：街道更新中的多元参与及互动——以上海市福山路跑道花园项目为例[J]. 华南理工大学学报（社会科学版）,2018,20(04):87-94.
[3] 缤纷内城漫步浦东. 福山路90号的故事，带你感受社区治理的力量[EB/OL]. (2017-07-11) [2019-07-07]. https://mp.weixin.qq.com/s/9691wyDFf4bguncoWa9Nyg.
[4] Pandscape泛境设计. 案例 | 从人行道到可生长的公共生活舞台——福山路跑道花园设计[EB/OL]. (2018-01-11) [2019-07-07]. https://mp.weixin.qq.com/s/rTRYykv8ba62PgEyXF9dtg.

智慧城市：
数字技术打造宜居家园

□ 麦肯锡全球研究院　华强森　成政珉

如今，科技正以更直接的方式融入人们的日常生活。智能手机成为开启现代城市生活的钥匙，将交通换乘、健康服务、安全警告、社区新闻等海量信息即时推送到数百万人手中。

在经历了十年的尝试和探索之后，城市管理者逐步意识到制定智慧城市战略的出发点在于人，而非科技。"智慧"的核心内涵并不是在传统基础设施内安装数字界面或者精简城市运营，而是有意识地利用科技和数据优化决策，提高居民生活质量。

生活质量涵盖许多方面，例如城市空气质量如何、居民走在城市街头是否感到安全。很多数字化应用都是为了解决这类与居民生活息息相关的实际问题而诞生的。麦肯锡全球研究院在世界范围内广泛开展调查，审视了智能应用产生明显效益的七个维度，并用指标加以量化，具体包括：安全、时间、健康、环境、社会联系、就业、生活成本，并以智能应用检查表为依据，量化了60项智能应用对七大维度的潜在影响，设定了具体的检验指标。研究择取了三类明显不同的城市环境，评估了这些智能技术在其中将取得的潜在效益。三类城市环境的差别非常大，并不能与现实中的城市情况完全匹配，也无法穷举所有潜在效益的可能结果。但这种分析可以说明一个城市的基准条件和独特情况将对结果造成怎样的影响。研究发现，城市居民的某些关键生活质量指标存在 10% ~ 30% 的改善空间——这意味着智慧城市在拯救生命、打击犯罪、缩短通勤时间、降低医疗负担、减少碳排放等方面完全可以做得更好。

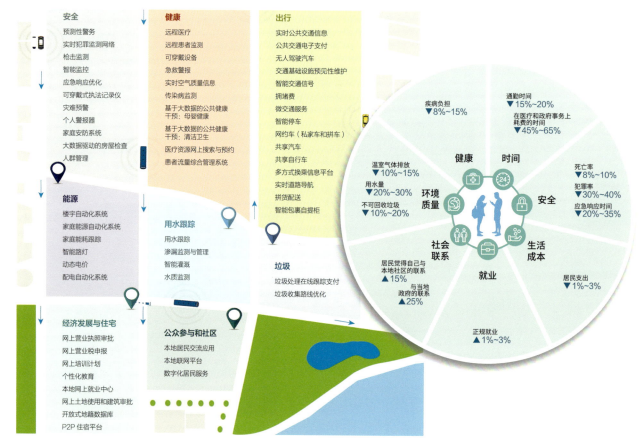

智慧城市技术能够提高居民生活质量

公共安全问题涵盖从应急响应时间到有效安全检查等诸多方面，但在凶杀率较高的城市当中，它也许首先表现为居民对违法犯罪问题的担忧。技术并不是遏止犯罪的速效药，但城市管理者可以利用大数据更有效地部署稀缺的人力与物力资源。

总体来说，如果城市可以部署一系列智慧应用技术并使其达到最大效益，则由凶杀、交通事故、火灾引致的死亡率可能降低 8%～10%。如果按里约热内卢的人口规模和犯罪率进行计算，这就意味着每年挽救 300 多条生命。预测性警务、实时犯罪检测网络以及枪击监测的部署对降低死亡率作用最大。研究表明，部署相关智慧应用技术的城市或可将袭击、抢劫和偷窃率降低 30%～40%。信号灯调度与同步的优化可将应急响应时间缩短 20%～35%。除了以上这些指标的改善，还有很多无法量化估算的效益，例如居民感觉出行更自由、心情也更轻松。

犯罪和治安。数字化工具正在掀起一场城市治安革命。比如实时犯罪监测网络技术利用统计分析可以总结犯罪模式，而预测性警务甚至更进一步，在罪案发生之前便能够预测并加以防范。罪案发生时，枪击监测、监控、家庭安防系统等应用可加快执法响应速度。不过，智能治安技术部署的前提在于公民自由不受侵害，需要避免对特定社区或人群怀有犯罪偏见。

应急响应。危急时刻分秒必争，因此必须尽可能缩短现场急救员到达火灾、犯罪、交通事故和医疗急救现场的时间。智能系统可以优化呼叫中心的服务、简化现场操作；交通信号优先权系统可为急救车辆清理出畅通的路线。某些高收入城市的响应时间本已低至 8 分钟，借此可进一步缩短 1.5 分钟；而平均响应时间高达 50 分钟的低收入城市可以将其缩短至少 17 分钟。

交通安全。一些旨在改善出行的应用可以让司机转而采用更安全的驾驶模式。据估算，网约车应用可减少司机的酒驾与疲劳驾驶等行为，由此将交通事故死亡率降低 1% 以上。未来无人驾驶技术普及后，交通安全或将大幅提高，但在此之前仍有诸多技术障碍与现实挑战需要面对。

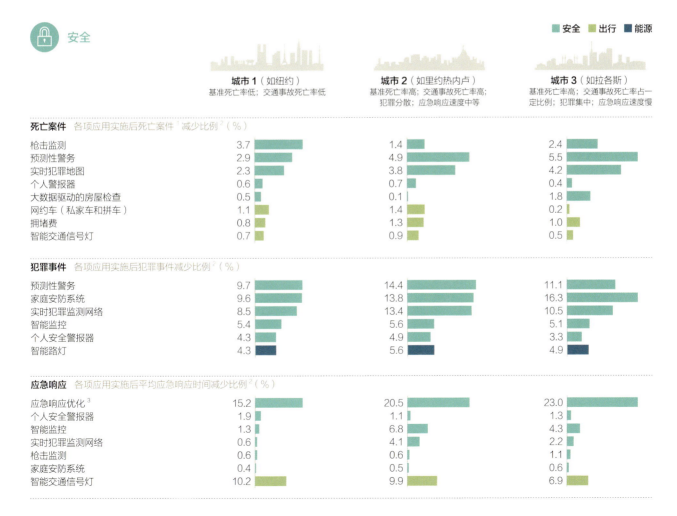

资料来源：麦肯锡全球研究院

智慧城市技术能缩短日常通勤时间并减少人们的焦躁情绪

在雅加达、班加罗尔、里约热内卢、内罗毕、首尔、亚特兰大这些大都市中，每天都有数千万人在上下班通勤途中忍受煎熬，要么夹在拥挤的车流中寸步难行，要么在人满为患的公交车和火车上动弹不得。因此，改善日常通勤条件已成为提高城市居民生活质量的关键。

到 2025 年，部署了智能出行应用的城市可将通勤时间平均缩短 15%～20%，某些居民的通勤时间缩短得更多。多项应用在不同城市的收效有较大差异，具体取决于城市的人口密度、现有交通基础设施的状况以及通勤模式。在纽约这样的发达都市，智能技术每天将为上班族节省约 13 分钟时间；在通勤条件不佳的发展中城市，节省的时间将高达 20～30 分钟。

公共交通。一般而言，优化出行体验的应用在那些公交系统覆盖广泛、使用频繁的城市中可以创造可观的效益。数字信号或移动 APP 可实时提供交通延误信息，便于人们随时调整出行路线。在目前的实体基础设施上安装物联网传感器，有助于技术人员执行预见性维护，在设备发生故障并导致延迟之前修复问题。收集和分析公交使用情况与流量数据有助于优化市政决策，例如调整公交线路、设置交通信号灯和车道、新增自行车道、分配基础设施预算。休斯敦、伦敦等许多城市的公共交通系统已经开始新增数字支付服务，逐步迈入无票时代。另一些城市则更进一步：居民只要支付固定费用，就可以使用多种出行方式。例如赫尔辛基的 Whim 出行 APP 推出了包月付费服务，订购用户可无限次使用任何一种公共交通，包括一定次数的出租车和顺风车。

交通疏导。如果城市的交通模式以自驾车或公交车为主，那么缓解道路拥堵的应用能够创造出色的效益。某些以公交出行为主的发展中城市安装了智能同步交通信号灯之后，平均通勤时间将缩短 5% 以上。实时导航可发出交通延误警报，帮助司机选择最快的路线。智能停车 APP 直接将司机导向空车位，避免其浪费时间在街区之间兜转。拼货配送模式和智能包裹自提柜可减少货车堵塞街道的情况。莫斯科采用了多种智能交通管理工具，同时对公共交通展开大力投资，并出台了新的停车政策。 2010 年至今，虽然莫斯科的私家车总量增加了 100 万台，但市内平均通行速度仍旧提高了 13%。

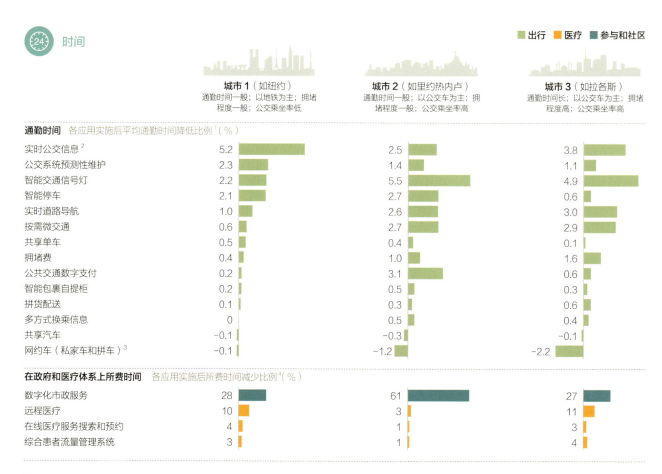

智慧城市可成为提升医疗水平的催化剂

城市拥有极高的人口密度，完全可以成为提升医疗水平的关键平台，但目前这一潜力尚未得到充分挖掘。鉴于医疗技术的发展日新月异，此处分析的对象仅限于可用于城市环境的数字化医疗应用。我们量化了这些应用对伤残调整寿命年（DALY）的潜在影响。DALY 是世界卫生组织衡量全球疾病负担的主要指标，它将死亡率和发病率的影响综合测算成一个数字，既反映了因早逝损失的寿命年限，也反映了因为伤残而损失的健康生活年限。如果城市能够部署并充分利用我们分析过的这些应用，那么 DALY 便可降低 8%～15%，具体取决于各城市的基础条件以及潜在的公共健康挑战。

改善慢性病的治疗。在发达国家，糖尿病、肾衰竭、心血管疾病、癌症和阿尔兹海默症等疾病的死亡率和发病率非常高。因此，预防、治疗并监测此类疾病的应用将产生可观的效益。远程病人监测系统采取积极预防的治疗理念，或可将高收入城市的医疗负担降低 4% 以上。这些系统用数字设备读取并采集重要数据，并作为保密信息传送给异地的医生进行评估。在并发症显现和入院治疗之前，这些数据可以向患者和医生发出提早干预的警示。

利用大数据预防疾病。在城市中，通过数据收集与分析可识别出城市中的高患病风险人群，并更为精确地实施干预措施。一项名为"智慧健康（mHealth）"的干预措施可在疫苗、公共卫生、安全性行为、抗逆转录病毒治疗方案依从性等方面传递生死攸关的信息。在婴儿死亡率较高的低收入城市，仅采用聚焦母婴健康的数字化干预措施便能将当地的 DALY 降低 5% 以上。如果发展中城市能在流行病迅速蔓延之前先一步部署传染病监测系统，那么这一数字还可再降低 5%。在 2016 年赛卡疫情（从里约波及迈阿密）爆发期间，各地公共卫生官员即做出了良好的努力。

与患者互动的新方法。科技的进步让人们能够积极管理自身健康，主动预防疾病，不必等到发病后进行被动治疗。美国肯塔基州的路易斯维尔在哮喘病人呼吸器上安装传感器，收集到的数据在数字平台上汇总分析后，可为每一位患者给出关于哮喘控制药物和诱发因素的针对性指导，便于其管理自身病况。远程医疗技术可通过视频会议的形式提供医疗咨询，消除患者的就医障碍。在医生资源短缺的低收入城市，这是一种事关生死的技术。

资料来源：麦肯锡全球研究院

智慧城市能实现一个更清洁、更可持续的环境

随着城市化和工业化不断推进、居民消费不断增长，城市面临的环境压力也与日俱增。而科技只是其中一种解决方案而已。部分城市的首要任务也许在于完善法规、建立现代化的硬件基础设施。但这并不是一个"二选一"的抉择，综合采用多种手段可以加快进程。在基础设施建设过程中不妨融入新的科技，同时辅以提高公众意识的宣传活动、改善定价策略、制定鼓励人们改变行为的法规。分析发现，如果能够在最合理范围内部署一系列应用，则城市的排放量将平均降低10%～15%，用水量降低20%～30%，固体垃圾人均弃置量降低10%～20%。

温室气体排放。对于某些以建筑物为首要碳排放来源的城市，为多数商业建筑安装楼宇自动化管理系统可将排放量降低近3%，如果同时又能为多数家庭安装这一系统，则排放量可以再降低3%。另一项潜力巨大的措施是动态电价，也即允许电力公司在用电高峰时段按更高标准收费。用电量减少并将负荷转移至非高峰时段以后，电力行业就可以减少使用污染更大的高峰电厂（只在用电高峰期才启用的电厂）。用节油车辆替代高污染车辆可大幅降低网约车和以按需出行为特征的微交通产生的碳排放。智能交通信号系统、交通拥堵费以及其他出行类应用也能够降低交通排放。

空气质量。上面提到的某些节能与出行应用也能产生改善空气质量的次级效应。不过，更直接的解决办法当然是安装空气质量传感器。虽然传感器无法自动消除污染，但它能够识别污染源并为下一步行动提供依据。北京通过密切跟踪污染源并对交通和建筑进行相应监管，在一年内将空气中的致命污染物含量降低了约20%。通过智能手机APP让公众了解实时空气质量信息，有助于居民自行采取保护措施。虽然不能减轻实际污染，但可将对居民健康的危害降低3%～15%（取决于当前的空气污染程度）。

节约用水。用水跟踪管理技术如果可以配合具备数字反馈信息的先进计量方法，则可推动人们节约用水。在居民用水量较高的高收入城市，该方法可降低15%的用水量，但具体成效取决于是否建立了与之匹配的定价策略。许多发展中国家水资源浪费的第一大原因在于管道漏水，在部署传感器并进行分析之后，最高可将水资源损失降低25%。

减少固体垃圾。低技术含量的垃圾回收利用已经再无潜力可挖掘，但新技术能够进一步减少不可回收的固体垃圾弃置量，例如按照用户扔掉的垃圾总量和类型精确收费的数字化跟踪支付技术。不过这一类应用需要配合其他政策举措共同考虑，在家庭预算紧张、存在大量拾荒者的发展中国家尤其如此。

注：
1. 重叠部分未考虑
2. 假设按需微交通车辆的排放量为每公里179克二氧化碳，和当前许多轻型商业用车差不多。空白框显示了如果这些汽车是纯电动汽车并由低碳电网供电可增加的潜力
3. 包括非正规公交车
4. 假设网约车中一半是普通私家车，一半是混合动力汽车。空白框显示了网约车不同排放情况的影响范围。保守估算假设所有车辆的排放情况与当前城市里的普通私家车（电动化程度极低）相同；乐观估算则假设车辆全部为纯电动车，由低碳电网供电

资料来源：麦肯锡全球研究院

智慧城市创造的新型数字化城市共同体能加强居民联系

一项针对城市居民的调查表明，使用APP和数字平台之前，仅有13%的居民觉得自己与当地政府存在联系，24%的人觉得与本地社区存在联系。分析表明，使用APP和数字平台之后，觉得自己与本地社区存在联系的居民占比翻了近一番，而觉得自己与当地政府存在联系的居民占比增长了近两倍。

开拓公众与本地官员沟通的新渠道可以提高政府的响应能力。很多市政机构都在最热门的社交平台上积极发声，还有一些机构自行开发APP与市民互动。除了传播信息之外，这些渠道也赋予了居民上报问题并收集数据的可能，比如提请相关机构关注社区的安全隐患，或者参与讨论本地的经济发展规划。巴黎已在实施参与式预算编制模式，政府邀请所有市民在线提交项目想法，然后召开线上投票，由公众决定哪些项目可获得资金支持。

有时，城市也许会让人觉得缺乏人情味；而科技也常常承受着"把人变成了孤岛"的诟病。但某些数字化平台却能够促进现实世界中人与人的互动。Nextdoor等数字平台邀请邻里共建线上社区，借此加强邻里沟通，动员居民针对具体问题采取行动，并在紧急时刻互相帮扶；Meetup等应用可帮助有相同爱好的用户建立群组并组织线下聚会。大多数推动人际交流的应用都源自私营企业的努力，但它们的确提升了城市居民的生活体验。

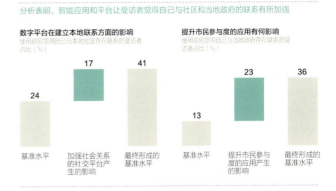

智慧城市可让居民的生活成本有所降低

在全球范围内，最活跃、最受欢迎的大都市广泛存在着严重的住房短缺现象，因此房租和房价节节攀升。扩大住宅供应量可降低城市居民在这一方面的生活成本。不过，征地、环境研究、设计审批、许可等步骤环环相套，让许多城市的政府机构深陷其中，难以推进。如果能够实现流程的数字化，就能消除风险和拖延，鼓励住宅建设。此外，大部分城市都存在大量适合建造填充式住宅的闲置土地。建立开源地籍数据库有助于识别可开发的地块。

此外，智能应用也可以鼓励居民节约水电、更高效地使用医疗资源，从而避免城市生活其他方面的浪费。家庭安防系统、个人安全报警器以及可穿戴设备等产品并不是生活的必需品，但它们提供的价值让很多人愿意为之买单。出行应用也能提供全新的价值（尽管网约车也许让居民出行更加频繁），网约车等共享应用赋予某些城市居民以无车生活的可能，也让他们节省了一大笔购置私家车的费用。

有一些居民担心智慧城市会变成一个超乎其消费能力的高端技术中心。但从此次分析的应用来看，它们能为居民创造更好的生活质量，但不会掏光普通居民的钱包。实际上，我们的估算显示，智慧城市每年可为普通居民节省3%的支出。

智慧城市可以提升本地就业市场的效率

许多城市管理者都想知道，建设智慧城市能否引来大量高科技行业的高薪岗位，或者能否加快自动化的进程。我们的分析表明，智慧城市技术可以提升当地就业市场的效率，支持当地商业发展，并培养当地人的就业技能。

技术劳动力供应增加（尤其是个性化教育的方式）可增加岗位，但数字化可能导致部分政府部门的岗位消失。据估算，许多智慧城市技术都会对就业产生积极的影响，虽然单项技术的影响很轻微，但多项叠加就可以在2025年将就业率提高1%～3%。这一数字综合了多项直接、间接和衍生的就业。首先，智慧城市技术可以直接创造或消灭部分工作岗位：公共部门的某些行政岗位和一线岗位会被淘汰，但也会创造一些新岗位，包括维护人员、临时安装员和驾驶员（至少在无人驾驶广泛普及之前）。其次，到2025年，网上就业中心和数字招聘平台将对城市的总就业岗位数量产生轻微的积极影响。这些平台建立了更为高效的招聘机制，可减少寻职时间并吸引更多无业人员加入就业队伍。再次，由大数据驱动的正规教育计划和线上再培训课程可以增加城市的技术人口。最后，营业执照、审批和报税等政府职能实现数字化之后，本地企业就可以免于繁琐的办事流程，从而营造一种更高效的创业氛围。

一些经济富庶、人口密集、高科技产业集中的城市已经开始向智慧城市转型。另一些城市虽然不具备这些内在优势，但仍然能够凭借良好的发展愿景、出色的治理、打破陈规的行为方式、对居民需求的细致关注等途径出奇制胜。目前，智慧城市的建设中仍存在许多空白，等待着私营机构、非营利组织和科技人员悉心探索，但最重要的探索者还是城市中的居民——因为每一个人都应该有权塑造自己未来的家园。

 就业

各项措施实施后就业率提高比例[1]（%）

	城市1（如纽约）正规就业基准水平高；非正规就业少；求职时间长；创业所需时间短	城市2（如里约热内卢）正规就业基准水平中等；非正规就业多；求职时间短；创业所需时间长	城市3（如拉各斯）正规就业基准水平低；非正规就业多；求职时间中等；创业所需时间中等
技术劳动力供应			
个性化教育	0.5	0.9	0.4
线上再培训课程	0.1	0.3	0.3
就业市场效率			
网上招聘中心	0.4	0.2	0.3
数字就业平台	0	0.1	0.1
新岗位需求			
驾驶员	0.1	0.3	0.3
维护/修理	0	0.1	0.1
高科技职位（包括网络安全）	0	0	0
其他现有工作	0	0	0
现场工作	0	0	0
行政管理工作	-0.6	-0.3	-0.3
临时安装工作	0.1	0.1	0.1
本地商业发展			
网上营业执照审批	0.3	1.3	0.7
网上用地审批和建筑许可审批数字就业平台	0.1	0.2	0.3
网上营业税申报	0	0.1	0

资料来源：麦肯锡全球研究院

注：
1. 重叠部分未考虑
2. 包括数字平台上的P2P住宿和汽车共享
3. 包括网约车和按需微交通等新增的驾驶员职位
4. 将总量平均分配在五年内；假设与部署智慧城市系统相关的岗位都是临时岗位

本文节选自麦肯锡全球研究院《智慧城市：数字技术打造宜居家园》，如欲阅读报告全文请前往麦肯锡中国网站 www.mckinsey.com.cn
主要作者：
华强森，麦肯锡全球研究院联席主席、麦肯锡全球资深董事合伙人、城市中国计划联席主席
成政珉，麦肯锡全球研究院中国副院长

International Perspectives | 国际视角

通往宜居之路
——全龄宜居住区建设解决方案

□ 美国AARP

> 本文源自美国AARP编写的一套关于宜居社区建设的工具书。全套书一共包括六本。除第一本概述外，其余五本分别围绕公众参与听证、住房、交通、医疗卫生和生态环境提供工作参考。美国AARP，全称"American Association of Retired Persons"（美国退休人士协会），是一个以中老年退休人群为主的民间组织。他们多年来致力于全龄共享的宜居社区建设和推广，为美国多个地区、多种文化背景、多样居民类型的社区提供建设指导和咨询服务，并已形成了一套经过多次实践的成功经验。这套工具书原名《Roadmap to Livability》，直译为"宜居路线图"，其实它更像一本"宜居社区建设指南"。本辑《城镇化》摘录并编译了第一本概述的部分章节内容，希望能够为我国的宜居社区建设提供启发和参考。欲阅读原文，请登录AARP.org/LivabilityRoadmap 了解更多内容。
>
> —— 译者注

背景

一个社区，无论大还是小，城市、郊区还是农村，这份宜居建设指南都将有助于明确宜居社区建设中所面临的挑战，并把握机遇制定行动计划，解决这些问题。这份行动计划通过建立目标，制定实现这些目标的具体行动步骤，将逐步引导社区的宜居建设走向成功。

关于宜居建设工作的三个关键问题
- 如何影响决策者和政府领导推动宜居社区建设？
- 有哪些提高社区宜居性的普适方法？
- 衡量成功与否及成效的最佳方法是什么？

全龄友好的宜居建设工作目标是
- 在社区中感到安全
- 能够自由参与社区活动
- 被尊重
- 能够获得足够安全和价格合理的住房与交通
- 能够获得休闲与健康服务
- 了解社区能够提供的服务与活动，并有便捷的渠道获得相关信息（如互联网、纸质材料、相关人士等）
- 自由地参与社区的经济、政治和社会活动
- 当生活不能自理时能够获得足够的照护

> "一个宜居社区应该是安全有保障的，能够提供足够价格合理的住房和交通，能够提供社区服务支持。一旦具备了这些资源，将大大提升社区居民的自主性，从而实现在宅养老，并促进居民参与社区的经济、政治和社会生活。"
>
> ——AARP

STEP1 组建团队

组建一支队伍

不论宜居社区建设工作从何处开始,第一步是组建"核心团队"。一个有效的团队应该包括对宜居社区工作抱有不同观点的组织或个人。通常包括市政府、志愿者、当地企业、社会服务供应商、慈善机构和居民等。招募居民代表时,多样性至关重要。弱势群体特别需要居民代表为其发声。核心团队将负责通过评估、规划、实施和评价步骤引导宜居社区建设。核心团队成员将与社区领导和组织者建立伙伴关系,以支持宜居目标的实现。团队还将负责提出和传递达成的统一意见和信息。

创建核心团队没有硬性的规则。成功的团队包括NGO组织成员、公共服务供应商、选举办公室、地方政府工作人员、当地企业代表和慈善家以及所有年龄段的居民。在可能的情况下,重要的是要建立一个服务提供者、决策者和社区倡导者之间的平衡,他们可以看到工作的不同方面。每个社区都不同,核心团队也不尽相同。

确定团队带头人

一个好的团队带头人能有效协调推进整个项目,协助制定和实施"行动计划"。团队带头人需要确保行动计划与宜居社区建设的目标和愿景相一致,以及评估工作能够有效反映项目实施过程中的成功与挑战。

宜居社区建设的团队带头人可以是志愿者、社会活动家、公务员或地方政府雇员等。最重要的是他具有主动性,组织能力强,能够激励他人并获得他们的尊重和信任。通常,团队的领导角色由委员会的联席主席共同承担。

当每个团队成员对宜居议题存在个人意见时,如何让团队形成一致的意见从而使居民不会被干扰或疑惑是非常重要的。每个核心团队成员都应该了解委员会所做的意见。

逐一确认以下目标以保证团队工作顺利进行:

- 对宜居工作抱有同样的热情和愿景
- 互相激励
- 能够为宜居工作带来不同的技能、经验、社会资源和兴趣
- 具备专业知识
- 愿意并且能够投入时间

一些有兴趣学习、关注或有帮助的人会对项目推进具有一定价值,但并不是核心团队的最佳候选人。核心团队成员需要愿意并且能够独立地处理项目,并能够投入时间在各种会议和期间的工作中。

STEP2 构建"参与圈层"

"参与圈层"是一个广泛运用于宜居社区建设的实用工具,其中心是核心团队。

"参与圈层"构建完毕后,就需要着重认清宜居社区建设可能存在的潜在挑战。这个过程中,一些人群容易缺乏主动性或对项目存在误解,因此团队应尽量邀请残障人士、老人、少数民族、亚文化群体、低保人群等弱势群体参加,听取他们的意见,进行头脑风暴,讨论各种挑战的应对方案。一旦核心团队成功招募了不同的居民群体与之合作,就需要考虑会议中是否所有人都能够公平发声,是否所有人都得到尊重,是否所有团队成员都受到同等对待等。

第1层:吸引圈

在推进宜居建设方案的不同阶段,核心团队需要与不同专项领域的群体协作,这部分群体被称为吸引圈。主要包括,社区志愿者、市政府官员、NGO代表和一些企业代表等。

第2层:支持圈

这一圈层包括了市级政府领导、规划、建设、卫生、民政等行政主管部门的负责人、相关社团协会代表等。这一圈层的成员能够为项目推进提供实质性的支持。

第3层:信息和兴趣圈

这一圈层包括了所有对宜居社区建设感兴趣的居民。

第4层:可能圈

这一圈层包括了有可能参与宜居住区建设的人和机构。比如,一些基金会、银行、公共服务供应商、专业社团和组织等。

构建"参与圈层"

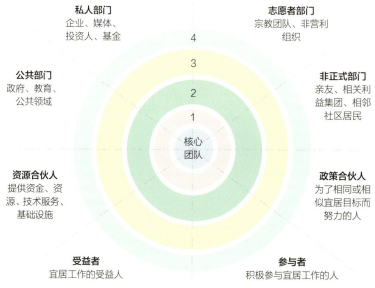

STEP3 评估

收集信息和明确重点

评估是避免宜居建设行动中的重复服务或无效服务的有效手段，它能够反映社区居民的偏好，并有效提高大家对宜居建设的关注。同时，评估还有助于建立底线，从而用于对比建设行为的成效。

一套完整的评估应该包含从既有资料中收集数据信息，例如统计局网站或 AARP 宜居性指数。作为 AARP 公共政策研究所的一项标志性举措，AARP 宜居性指数衡量了美国社区在多个维度的生活质量，涵盖了住房、交通、邻里特征、环境、健康、机会以及公民社会参与等。

进行宜居性评估

如同宜居社区工作的其他方面，评估工作需要反映社区的实际情况。如何进行评估的方法没有特定的限制。虽然本指南包含了编制宜居建设规划的经验方法，但重要的是选择对社区最好的想法、建议和资源，而不仅仅是为了完成一个项目。

利用统计数据

社区所在城市的统计数据包括年龄构成、经济福利、住房、食品安全和残疾率等信息，可以使宜居评估有效地找出存在差距的地区。例如，如果宜居建设行动需要增加医疗卫生设施，而统计数据表明某个区域的社区中残疾人比重较高，在调查中就需要增加如何为使用轮椅或拐棍的居民提供娱乐机会的相关问题。

开展社区调查

社区调查可以揭示社区居民对社区交通和住房选择的看法、行为和满意度。通过收集调查结果，可以让团队了解如何满足居民的需求，以及哪些领域值得通过听证会议或专项小组进行进一步调查。尽管每个社区和每次评估都是独特的，但每个社区调查都需要收集以下信息：

■ 资产：通过资产清单，可以了解在交通、住房和/或卫生服务、社区支持方面正在发挥作用的资产有哪些。

■ 行为：人们如何利用既有的交通、住房或卫生服务、社区支持？人们认为哪里还存在差距？他们想做哪些改善却面临困难？社区调查和专项小组可以明确上述行为。

■ 偏好：人们希望如何看到变化？社区调查、专项小组和听证会议将有助于明确居民偏好的改善类型以及如何改善。

■ 想法：这些是一些具体的建议，主要是关于如何进行改善、所需要的资源，以及参与该过程的人员。专项小组、社区听证会议和意见公告（例如公告板，人们可以在公告板上留言或回答问题）都是从居民那里获得具体想法的好方法。

STEP4 任务、愿景和目标

SMART 目标

具体化 Specific：目标应该是具体的。每个目标应包含需要实现的具体内容、频率、程度以及地点。

可测度 Measurable：目标应该如何被测度？明确的测度方法能够为方案提供有效反馈并进行传播。

可实现 Attainable：目标应该是可实现但不太容易实现的，太容易实现的目标意义不大。设定具有一定挑战性的目标，当这些目标实现时，便是取得了进步。

关联性 Relevant：每个目标都应该与任务相关，并与团队对宜居性原则的理解保持一致。

时效性 Timely：目标应该有一个特定的时间框架。最简单的方法是确定一个团队希望完成目标的日期。

STEP5 行动计划

最佳实践方法

逐一确认以下目标以保证团队工作顺利进行：

- 关于需要实现目标的声明
- 上述任务和活动的时间框架
- 负责每项活动的组织或个人
- 关于潜在困难的讨论
- 用于评估的评价指标

- 必须完成的任务或活动的清单
- 每项活动的完成时间节点
- 需要的资源清单
- 关于解决方案的讨论
- 评判成功与否的方法

制定计划

制定计划时，要考虑社区的价值观以及调研评估阶段居民们提出的意见和喜好。

本手册中关于交通、住房、卫生服务和社区支持的战略行动计划对每个目标都制定了如下的计划表：

普林斯顿行动规划		谁来参与	截止时间	成功标准
重点1：住房				
愿景	让普林斯顿拥有足够经济适用的、交通便捷的住房，从而使居民未来能够继续居住在这里			
目标	增加用于租赁和出售的经济适用住房数量以确保固定收入的人群能继续居住在普林斯顿			
议题	为社区解决额外的经济适用房需求			
行动	市议会连同规划委员会、普林斯顿社区住房协会、普林斯顿住宅委员会确定增加经济适用住房的目标和手段	市政厅、规划委员会、社区住房协会、住宅委员会	2020年	颁布目标和规划
议题	确保新建经济适用房是全龄友好的			
行动	成立社区爱心团体倡导和提高认识	普林斯顿社区住房协会、住宅委员会、居民、经济适用房开发商、非政府组织等	2017年	召开3次社区会议
行动	对市领导普及美国残疾人法案（ADA）和通用设计规范	社区爱心志愿团队	2017年	30%的新建住宅单元符合美国残疾人法案（ADA）和通用设计规范
目标	为既有住宅编制适应性使用和更新指南			
议题	在房主、工程承包商和建筑专业人员中普及全龄友好设计理念			
行动	编制全龄友好住宅设计清单	普林斯顿老年中心及在宅养老住宅认证承包商	2017年	创建清单

STEP6 评价

永远牢记行动计划是一份"活"的文件。随时更新或修改目标，并因此调整特定的活动以应对新情况或信息，是行动方案健康的重要标志。

为了找到一种衡量结果的最佳方法，就必须明确社区建设重点并建立底线。确定了评价指标之后，就能定期收集数据并在项目进程中对相应地区进行评价。当宜居建设目标确定之时，规划评估工作就可以开展了。每个目标都应选取一种评估手段。例如，过程评估用来描述是否以及如何落实项目中的具体行动；结果评估用来衡量一些关键性的指标，用以查看项目是否发生了变化。十分重要的是，在实施评估开始之前就规划好评价的方法，这将决定最开始的数据收集工作。这些指标的变化能够有效地揭示出核心团队所确定的目标是如何一步一步成为现实的。

评价工作的开展同时也能为各位投资人、志愿者、合作组织和社区成员负责。全方位地展现宜居建设行动所取得的成就以及人们付出的关注，能够激发出更为广泛的参与和支持。

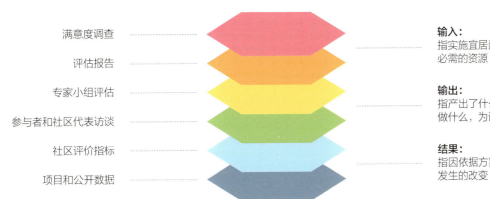

STEP7 实施

- **明确"高优先级"的问题**

  在每个社区评估中，都有一些问题是需要优先考虑的。将这些"高优先级"的问题纳入初始实施计划是很重要的，即使这些是不太容易实现的目标。需要定期向社区居民、社区领导和合作机构汇报这些高优先级问题的进展。团队可以将一个高优先级的问题分解步骤，这样所有的参与者都将实现一些可以实现的"小目标"。

- **多代参与**

  宜居住区是一个将年轻人和老年人在社区生活方方面面都涵盖的地方。这就需要让他们都参与到改善社区的行动中来。

- **确保多元**

  各个收入阶层的人们都在共享着安全的、买得起的、便捷可达的住房和交通。
  各个种族、民族和文化的人们都在共享着步行可达的、引人入胜的公园和绿地。
  各个性别认同和性别取向的人们都在通过获得平等的医疗服务和社区支持来获得健康和福利。
  当人们不了解宜居社区项目或者他们感到被排除在外，他们将不会受益其中。
  如果有通常被排除在社区参与范围之外的人参与了这项工作，尤其是实施工作，这将鼓励更多经常被排除在外的社区成员参与其中。

本文节选自美国 AARP 《ROADMAP TO LIVABILITY: Strategies and solutions that make a community great for people of all ages》。欲阅读报告全文请前往 AARP.org/LivabilityRoadmap，本文由江苏省城镇化和城乡规划研究中心邵玉宁翻译。

高密度城市社区公共空间参与式营造
——以社区花园为例

刘悦来

博士/同济大学建筑与城市规划学院景观学系学者/上海四叶草堂青少年自然体验服务中心理事长/高密度人居环境生态与节能教育部重点实验室（同济大学）-社区花园与社区营造实验室主任

社区作为城市居民主要的生活场所，承载着人们对物质和精神的双重需求，只有当二者同时得到满足，人们才能真正获得"诗意的栖居"。面对越来越快的城市化节奏，越来越少的可建设绿地，以及绿色士绅化①产生的不公平影响，如何营造自然美好的公共空间、创造温馨和谐的人际关系，使人们在城市尤其是高密度城市更加美好地生活，成为城市建设和社区治理面临的重大挑战。

"社区花园是都市景观的一个奇迹，更是社区营造的一个典范"。社区花园作为绿色空间存在的一种形式，以深入的社区参与丰富了城市绿地的内涵与外延，人工与自然、城市与乡村、专业与业余，在社区花园中逐渐融合，人与人回到彼此相互熟悉信任的邻里关系，居民重新认识到公共空间中土地的价值，以更乡土更丰富的生境更新了人与自然的连接。从参与设计到在地营造到维护管理机制的建立与实施，人与人之间的联系不断加深，逐渐成为公众日常生活有机的组成部分。在其实现过程中，有2个重要的维度指向：生态文明建设和社会治理创新，从这2个层面实现人们对美好生活追求过程中不平衡不充分的遗憾的弥补和修复，正是社区花园的当代价值所在。

以上海社区花园为代表的高密度城市公共空间参与式营造已发展成为绿色空间的入口。这些花园植根于高密度空间和邻里生活，将田园自然回归城市社区，以公共空间的改善促进居民生产自治的能力和社会交往、打破邻里之间的隔阂、提升城市活力，这不失为社区营造的有力途径，并已经成为社区空间活力之源与和谐社会治理的重要支点。

社区花园的四级结构

现阶段上海的社区花园营造逐步形成了四级结构：

一级是专业社会组织运维的枢纽型综合性社区花园。该层级在社区花园网络中起到枢纽作用，以上海火车菜园和创智农园为代表的综合性社区花园，面积通常在2000m²以上，其建设资助来自政府、企业、社会组织的多元合作项目。该类社区花园用地性质通常属于城市绿地，具有典型公共开放空间的属性，园内服务设施相对齐全。对于在地社区而言，具有市民参与认建认养、儿童自然教育、本土植物培育、睦邻公共客厅和地方文化传承等多元复合功能，往往成为生态文明建设和社区营造的示范性基地；对于上海公共空间参与式营造整体版图而言，承担了社区营造项目培训、孵化社区自组织的角色功能。

二级是政府直接支持居民形成在地社团管理运维的社区花园。通常面积在200 m²以上，旨在激发居民互动和对社区公共事务的参与度、积极性。在上海以笔者团队为例已建成60余处，建成地多为老旧小区，设施较为陈旧，居民以老年人为主，政府通过项目资助支持社区环境更新，社区花园作为社区参与的空间载体，初期由居委会发动积极居民并带动社区组建社团乃至社区社会组织，承担花园日常维护、活动组织的工作。社区组织培育时间较长的社区拥有自我管理的能力，新建成的自治氛围则较弱。

三级是广泛居民在地自组织的中型社区花园。在专业社会组织指导和示范下（通常政府购买社会组织服务支持到相应社区层面，这些项目包括社区自治金支持、党组织服务群众等），由社区居民自行设计、自发建设、自我管理。在上海此类社区花园已超过300余处，一般规模较小（面积十几或几十平方米），成本较低，但居民建园护园的自发性、主动性、积极性较高，后期维护运营参与度较好。

四级是市民个体参与行动形成的小微社区花园。该类小微社区花园的主导者是热爱园艺的普通市民。

注释：① 绿色士绅化（green gentrification）指由城市绿色议程和干预产生的新的城市社会经济中的不平等现象。

社区花园空间特征及相关属性

所属绿地		土地所有权	共治主体	空间类型	服务范围
	公园绿地	公有	公园管理方、附近居民、游园者、志愿者、社会组织、企业	公共	所有市民与游园者
居住绿地	中心区绿地	公有	居委会、社区所有居民	公共	所有进入者
	区域中心绿地	公有	居委会、附近居民	半公共	附近多栋住宅内居民
	小区道路绿地	公有	居委会、临近道路住宅内居民	公共	路过居民
	宅旁绿地	公有	周围几栋住宅内居民	半私密	周围几栋住宅内居民
	私人庭院	私有	庭院所有者	私密	庭院所有者
交通绿地		公有	政府、志愿者、路旁公众	公共	所有路过者
附属绿地		公有	所属单位、单位员工	半公共	"单位人"

注："私有"仅指个人拥有，"公有"泛指除"私有"以外的所有类型。

社区花园的三种发展途径

一是通过活动策划组织公众参与公共空间营造。市民通过与专业组织线上或线下的互动获得相应的技术支持并尝试在公共空间种植的活动，参与人数众多，辐射面域广，旨在向未来的支持者传递社区自治、公众参与理念，增加城市中人与人之间的联系和温情。以上海"点燃城市温度——郁金香种植行动"项目为例，2017年12月，笔者团队对荷兰驻沪领事馆赠送的5000枚郁金香种球发起认养行动，活动要求将种球种植在包括小区、办公区、路侧等公共区域，500份(每份3~50枚不等)被认养种球中的百余份被广大市民参与者种植在开放的公共空间中，配合其他植物种植在2018年春天形成百余个小微社区花园(面积在1~10 m²)，活动收到超过500份不同地点的种植照片反馈，同时开展郁金香主题的儿童自作美术作品的展览和义卖，包括自闭症儿童在内的1160人直接参与相关活动。该活动在2019年继续发展，部分迷你社区花园二代子球成功复花，极大鼓舞了行动者的社区花园参与积极性。

二是民间基金支持培育和发掘社区营造先锋力量。社区花园营造专业组织与社会公益基金组织合作，向有志于改善社区绿化环境、打造社区花园的热心市民或市民团体，从永续种植技能、生态花园设计到花园营造方法，提供全程专业知识。参与者须向项目专项基金管理单位捐赠一定费用，用于成立社区花园资金池，支持社区花园事业。该类项目的参与者多数为热爱自然、提倡低碳环保生活理念、认同社区共治、有志于加入社区营造与共治团队的人员，通过对这些学员的培养，可以让其影响更多社区居民自发地加入社区花园营造中，并对营造提供专业指导。

三是政府专项基金支持专业组织举办社区营造工作坊。工作坊由专业组织发起，借助政府资金支持，邀请规划、建筑、景观专业专家，面向社会招募对社区花园、社区营造感兴趣的市民，通过理论讲解、现场模拟与实地操作等多种形式与学员进行分享与对话，旨在培育社区市民精神，促进社区文化的延续与再生、社区生态环境保育与改善，实现社区经济发展、社区公共生活空间品质提升。

由专业社会组织运维的社区花园——创智农园

居委会主导居民参与的社区花园——百草园

经验总结与反思

社区花园的发展离不开政府的引导，也需要专业社会组织的技术指导。居民正在经历从"单位人"向"社区人"的转变，其社区归属感与主人翁意识还不强烈，还没有完全意识到自身在"社区共治"格局中的作用与力量，对"治什么""怎么治""谁来治"等问题都还没有清晰的认知。要想改变居民的意识，充分调动居民的参与意愿，特别是在社区共治发展的初期阶段，仍需政府加强宣传与引导。同时在营造前期，通过搭建社会组织与城市公共空间沟通平台，以组织化的形式更有效地表达公共利益，并调动民众参与公共空间治理的积极性。但目前社会组织参与城市公共空间管理亦存在沟通机制不健全，资源分割不公平，信息传播不通畅、筹资机制不完善等问题，是制约社会组织参与社区治理的重要因素。

挖掘社区"领袖"是社区花园自治与可持续发展的重要途径。现阶段，社区花园的存在尚不被认为是人们日常生活的必需品，即使在政府、社会组织和居民的前期努力下建成了社区花园，但由于政府或单位承担的养护成本过高，居民缺乏主动治理的意识，社区花园没有可持续维护与发展的力量，社区花园仍有可能很快衰败下去。虽然在已建成的社区花园中有不同数量的志愿者或志愿组织存在，但多以长者和幼童为主。长者大都有较丰富的种植经验，较多的休闲时间，但由于体力、创新能力的缺乏，无法推进社区花园创新可持续的发展；而幼童由于时间和能力有限，也不能很好地参与到社区花园的日常营造中；大多数中青年则由于工作生活的压力，没时间或者也不愿参与到社区营造过程中。在笔者参与或组织的社区营造相关活动中发现，特别积极并富有影响力的参加人员多数为中青年人。这些人中，一部分为专业从事社区营造或社区规划的专职人员，一部分则为将社区花园视作日常生活必需品般的存在，为了家人拥有健康舒适的社区环境、致力于营造社区绿地、营造和谐社区关系的人员，且这部分人多数为全职在家人员或者兼职人员。如何发挥这部分人的在地力量，通过这些有可能成为社区"领袖"的人员去影响和发动更多力量加入社区营造中，是社区花园实现自治与可持续发展的重要途径。

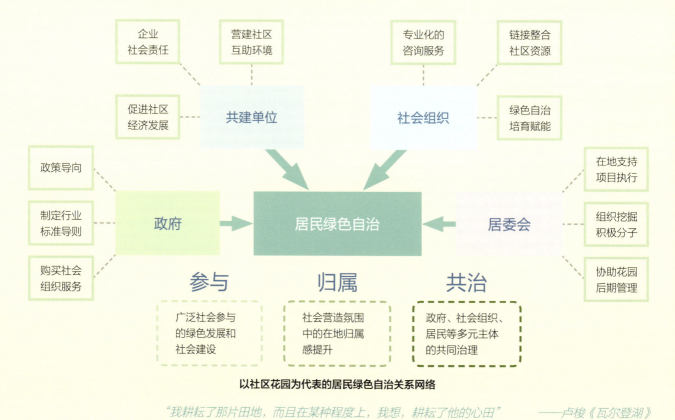

以社区花园为代表的居民绿色自治关系网络

"我耕耘了那片田地，而且在某种程度上，我想，耕耘了他的心田" ——卢梭《瓦尔登湖》

本文节选自《风景园林》2019年第6期《高密度城市社区公共空间参与式营造：以社区花园为例》。

让孩子动手设计：
魏公街口袋公园儿童参与式设计探索

　　让城市更加适应儿童的需要和诉求，利用"儿童友好型设计"不断提升城市空间品质的做法已经在全世界范围内得到越来越多的重视和响应，这亦是推进实现2016年《新城市议程》提出的"人人共享城市"这一愿景的重要行动领域。自1996年联合国发布《国际儿童友好城市方案》以来，全球已有超过400座城市获得"儿童友好城市（Child Friendly Cities）"的认证。由于建设儿童友好型城市是一项综合的系统工程，其途径与方法非常多元，因此布伦丹·格利森等在《创建儿童友好型城市》一书中，指出影响儿童发展及其空间使用的措施涉及城市规划、公共参与、社会政策、环境设计、交通和住房等方方面面。

唐燕
副教授，博士生导师，清华大学建筑学院

　　然而在我国，长期以来城市规划领域"囿于对儿童参与规划的认识和理解不足，儿童参与规划过程的缺失，导致城市规划缺失儿童'包容性'"。因此，倡导儿童参与下的城市空间规划设计，通过给孩子"赋权赋能"来真正实现"让孩子站在正中央"，将是我国城市规划领域需要不断探索和创新的工作内容。基于此，笔者从在北京市紫竹院街道担任"高校合伙人"的工作经历出发，通过探讨紫竹院魏公街西头口袋公园的"儿童参与式"设计实践，来辨析实现儿童"深度参与"的规划设计流程与方法，以期为其他同类项目提供相关经验参照。

从海淀区"1+1+N"责任规划师制度到魏公街口袋公园参与式设计

　　为响应党的十九大、中央城市工作会议与北京街道工作会议精神，推进落实《北京城市总体规划（2016年—2035年）》《北京市人民政府关于加强新时代街道工作的意见》的相关要求，北京市近期全面开展责任规划师制度建设探索。作为享誉国内外的科技与教育高地，海淀区于2019年开创性地推出了"1+1+N"的街道责任规划师制度：两个"1"分别为一位全职聘任的"责任规划师"，以及来自三所高等院校的一位"高校合伙人"；"N"是参与街道和街区整治提升工作的各种规划、设计与社工服务团队。在"1+1+N"的责任规划师体系的推动下，笔者作为紫竹院街道的高校合伙人，与紫竹院街道办事处、北京建筑设计研究院李西南建筑师（责任规划师）、社区青年汇、中国青年政治学院等机构和团队紧密合作，共同协作推进紫竹院街道的街区更新建设。

　　魏公街是紫竹院街道确立的2019年三项重点街道与街区整治工程之一[①]。在魏公街西头、北京外国语大学附属小学（简称：北外附小）以南，人行道内侧有一片被护栏围起来的狭长小绿地，即使算上人行便道总面积也不足1000m²。为了将这片封闭的绿地解放出来，成为能被进入使用，可以服务北外附小家长与孩子以及周边民众的口袋公园，紫竹院街道决定延续其2018年在海淀实验小学发起的"小小规划师——规划有我更精彩"活动，借助政府专项基金支持下的魏公街更新改造契机，探索融合"小学生"与"大学生（北京外国语大学）"[②]的"大手拉小手"参与式规划设计。项目作为紫竹院新近策划的"I紫竹"系列活动的重要组成部分，于2019年4月底启动，历时一个半月（每周活动2~3次），目前已初步形成由北外附小学生参与设计的两个更新方案。

魏公街口袋公园的儿童参与式设计启动仪式

注释：
① 紫竹院街道2019年的相关工作重点包括：魏公街国际时尚文化街区改造提升、海淀实验小学校前广场整治、西三环地下通道北京外国语大学段方案设计三个核心项目的落地实施。此外，同期启动三虎桥、广源闸等地区的规划设计招标工作，为明年的项目推进奠定前期基础。
② 来自北京外国语大学的4位非规划设计专业的大学生参与了设计的全过程，他们主要是孩子们设计进程中的大朋友，一起参与讨论和提出构想。

价值与意义：儿童参与式设计的深度与意义

儿童处在身体、智慧与情操的持续发育过程中，因此不同年龄段儿童表现出来的身心特点与能力差异明显，引导他们参与城市空间规划设计的方式与方法也必然因此而异。1989年联合国通过的《儿童权利公约》（Convention on the Rights of the Child）将18岁以下的所有人定义为儿童。这其中，12岁以上的青少年与12岁以下的低龄或幼龄儿童在行为能力与个性特征上各有不同，魏公街西头口袋花园"儿童参与式"设计实践的参与对象主要是小学4～6年级的学生，年龄大致在10～12岁之间。

在哈特（Hart R·A, 1992）提出的8级儿童参与阶梯中，儿童参与的深浅程度包括被操纵、装饰、象征性表示的三级"非参与"阶段，以及指定但告知儿童、与儿童商量并告知他们、成人提案并与儿童分享、儿童提案并由成人指导、儿童提案并与成人共同决定的五级"参与"阶段。在后面五个真正实现参与的梯级中，阶梯越高表明参与程度越深。与之对应，魏公街口袋公园的实践探索，希望能够在当前流行的儿童绘画、儿童手工、儿童课外活动等初级参与模式基础上，实现"儿童提案并由成人指导"乃至"儿童提案并与成人共同决定"的高层级参与目标。

儿童参与式设计的价值和意义可谓不言自明，从"给予"维度来看，通过参与能够给予孩子尊重、梦想和空间；从"收获"维度来看，通过参与能够帮助实践项目获得需求、想法与关注。

（1）给予儿童尊重。让孩子动手对自己所处的空间进行设计，会让儿童感觉与成人之间的距离由此拉近并变得"平等"，从而获得足够的"尊重"感。这种尊重又能转而促进儿童与成人之间形成更为亲切和紧密的关系。当成人俯下身子倾听和接受儿童的声音，接纳他们合理的想法，孩子们就会在做"主人"的过程中迸发出意想不到的智慧力量。

（2）给予儿童梦想。梦想是撬动儿童阳光向上的重要动力和方向指引。参与式设计能赋予孩子们特殊的"创造梦想"和"实现梦想"的机会，通过"沉浸式"的第二课堂形式，教给孩子们不同于平时"语数英"等常规学习内容的规划设计专业知识，帮助他们形成高尚的职业理想或职业追求。通过参与，儿童可以获得对未来的新憧憬及对自我的再认知。

（3）给予儿童空间。在惯常生活中，儿童经常不得不被动地接受成人强加给他们的许多东西，包括他们使用空间的时间、方式与方法。将空间让位给孩子做主，不仅可以推动儿童们打开眼界与视野，建立独立的创作观念，还能更好地使空间设计满足他们的真正所需。

参与式设计带给城市空间建设的收获同样多元，形成了儿童获得与社会获得的双向促进。

（1）获取儿童需求。孩子们在设计过程中的意愿表达与相关公众意愿征询，最真实地呈现了他们对空间使用的诉求与愿望，可以帮助保障规划设计不偏离正确的方向。

（2）获取儿童构想。儿童的思维模式与心理特质与成人不同，他们对事物有着自己独到的看法和经验判断，他们通过自己充满热情的童心和无边界的思考创造出来的设计构想，可以超出成人的预想，从而让方案设计汲取到难得的火花。

（3）获取社会关注。这里涉及的关注不仅仅来自儿童，让儿童学会了解城市、了解规划，更可以通过社会网络、媒体宣传、学术传导等多种途径，使得参与式设计的价值被更多的普通大众所熟知，进而唤起社会对儿童友好型空间设计的关心，帮助形成社会认同和强化社区凝聚力。

8	儿童提案，并与成人共同做决定 (Child-Initiated, shared decisions with adults)	参与程度 (Degrees of participation)
7	儿童提案，成人指导 (Child-Initiated and Directed)	
6	成人提案，并与儿童共同做决定 (Adult-Initiated, shared decisions with children)	
5	成人与儿童商量并告知信息 (Consulted and Informed)	
4	成人为儿童指派任务，但能告知儿童 (Assigned but Informed)	
3	象征性的表示 (Tokenism)	非参与 (Non-participation)
2	装饰 (Decoration)	
1	操纵 (Manipulation)	

哈特提出的8级儿童参与阶梯

资料来源：参考文献[4]

过程与方法：魏公街口袋公园参与式设计的五步骤

对于4~6年级的儿童来说，他们具备了一定的设计和绘画能力，能够学习和掌握相对浅显的几何知识与空间绘图语言，整体上他们对城市规划设计的专业了解基本还处于空白状态。因此，要把孩子们的理想变成现实，关键在于想办法让他们将无边际的想象力约束在一定条件和一定空间中进行设计，而不是自由绘画。实现这个目标需要进行精细化的过程设计，并在每个流程中沟通和观察孩子们的反馈，不断调整和优化引导方式与方法。总结起来，魏公街口袋公园儿童参与式设计的全过程中，有五个步骤起到了至关重要的作用，是参与式设计能够切实落地的关键。

（1）建立平等与信任关系的团队。为了让孩子们体验和感知到参与倡导的平等与尊重，并在素不相识的导师团队与同学们之间建立起紧密的信任与合作关系，通过团队建设快速拉近大人、小孩之间的距离，是参与式设计实践需要迈出和迈好的第一步。社区青年汇作为专业的社工组织，他们深知：儿童充满灵性且处于不断的生长变化中，儿童不是尚未长大的成人，而是独立的精神存在；儿童成长和学习的一个主要途径是游戏，儿童在游戏中放飞心身并建构新的社群关系。因此，青年汇的老师们通过"找朋友""谁是设计师""我们的队伍"等目标指向明确的游戏设计与活动引导，对原本陌生的群体关系进行了快速破冰，借助快乐充分建立起孩子们的信任，帮助集体形成"亲如一家"的紧密关系。

（2）设计场地的亲自测绘与记录。儿童通过接触真实的自然来认知世界。由工程机构提供的专业、抽象的设计地段测绘图对于10~12岁的儿童来说，理解起来并不容易。因此带领孩子们走出校门，让他们亲自参与口袋公园的现场踏勘，利用测距仪、皮尺等工具进行团队合作基础上的场地测量与记录，成为有效引导小学生们全面了解和认知地段的关键。这个人人动手的测绘过程，不仅可以帮助孩子们具体理解将要开展设计的空间对象，还能帮助他们逐步建立起清晰的尺度概念，例如树坑的大小、台阶的高度、坐凳的尺寸、铺地的宽窄等。这些"在做中学"获取到的经验，让孩子们的记忆真实、深刻而又可靠，为即将到来的设计任务实现了技能积累。

（3）针对设计目标与功能需求的头脑风暴、在地观察与公众访谈。口袋公园改造的前提是准确定位其新的使用功能，亦即界定设计目标和功能需求。为了能真正从使用者的诉求出发，确保将这片原本封闭的绿地成功转型为公共开敞、具备活力的城市空间，设计团队借助头脑风暴、在地观察与公众访谈三种路径来全方位获取需求清单。首先，导师们带领孩子们进行没有约束条件的"自由式设计"，让每个孩子对自己的作品进行陈述并阐明其设计理由，然后经过头脑风暴式的集体讨论，最终形成基于儿童意愿的设计要素清单，包括家长接送等候区、小广场、坐凳、漫步道、售卖亭等。其次，孩子们走上街头，一方面通过观察路人对场地的不同使用行为，另一方面对不同访客进行调查访谈，从而凝练出融合更多使用者类型的社会需求清单。上述两个清单的合集，成为后续设计中进行功能定位的重要依据。

（4）专业的基本设计图示语言学习。在进行正式设计之前，孩子们还缺少一些专业的图示语言工具的武装。因此导师们需要仔细甄别和遴选简洁、关键、难度适中的设计图示，来教授给孩子们，赋予他们开展更为专业的规划设计的技能

小学生们的现场踏勘与场地测绘

社区青年汇通过团队建设帮助导师和儿童建立起亲密互动关系

需求调查过程中开展的头脑风暴、意愿清单与公众访谈活动

准备。儿童有一颗有吸收力的心灵，这些图示语言要能够为他们理解和识别，例如用圆形表征行道树的正投影，用长条表征方形长椅的顶视图、用齿状团团表征灌木丛等等。一些灵巧可爱的配景图库，如小车、小树、比例人等等往往能够吸引住孩子们的视线，引发他们的探究和学习的热情。在掌握最为基本且必要的设计图示语言之后，孩子们就可以充分发挥自己的智慧，在场地约束的空间范围内开展设计了。

（5）个人设计与集体讨论相结合的方案形成。正式设计过程分为两个阶段：一是整体的总平面设计；二是场所中的景观小品设计，如亭子、座椅、雕塑等。导师们需要在引导儿童设计的过程中，慎重决定成人干预孩子们设计的程度和方式。导师们不能越俎代庖或者包办代替，而是充分给予孩子表达的机会、思考的机会和反驳的机会。同时，导师们需要能够敏锐地发掘孩子们设计作品中的闪光点，及时进行肯定和引导发扬。从魏公街的案例来看，孩子们对于景观小品的设计上手很快，可能因为这些要素是身边常见且易感知和触摸的。平面总图的设计对于孩子们来说，挑战相对要大，需要他们建立起综合系统的分析能力，处理好不同功能片区之间的衔接关系、不同设计要素之间的关联性等。

总图设计与景观小品设计的分阶段进程

结语

综上可见，儿童懵懂、喜爱艺术并充满探索精神，需要成人理解、发现并肯定他们的世界。创建儿童友好型城市离不开空间设计的儿童参与，这既是对城市中弱势与边缘群体的权利尊重，也是实现人人平等、空间共享及增强民众获得感的重要途径。我国对构建儿童友好城市的思考及操作还处于初级层面，停留在"硬件设施"的普及与优化上，对儿童友好城市发展的"软实力"探讨不足，需要持续的社会关注及深入研究。儿童友好的城市空间设计表现在安全性设计、儿童心理行为需求与场所精神等的多元融合上。

魏公街口袋公园的设计探索表明：引导儿童真正实现"过程式"与"结果式"相结合的规划设计深度参与，需要充分发挥成人的智慧并开展有效引导，通过形成价值共识、开展分步骤行动、进行科学指引等，来推动孩子们在较长的一段时间内创作出有效的方案设计成果。总体来看，魏公街口袋公园的儿童参与式设计方案，能否转化为最终的详细规划成果进行建设实施，目前还面临着多方面挑战，包括街道管理者与决策者对方案的认同程度、项目投资预算支持方案落地的可能、更广泛的社会民众对孩子们设计的看法与认识等。设计团队正在直面这些困难和挑战，积极寻找有效的突破路径以推动项目落地，期待有一天能够让孩子们亲眼看到自己的设计方案如何被建成，而又如何被大家所使用。

致谢：
感谢候欣教授以及李凌艳、李西南、张冀、赵全、吴阳阳等团队成员在项目设计中的共同协作，感谢常增玉主任、王战欧副主任对项目的支持。
（基金资助：本研究为国家自然科学基金"多源数据融合的城市高温脆弱性空间识别与城市设计策略应对"资助成果，基金编号：51978363）

参考文献
[1] 联合国住房和可持续城市发展大会. 新城市议程（New Urban Agenda）[R]. (2016-10-21). 厄瓜多尔：基多.
[2] 布伦丹·格利森，尼尔·西普. 创建儿童友好型城市[M]. 丁李译. 北京：中国建筑工业出版社，2014.
[3] 黄军林，李紫玥，曾钰洁，邓凌云. 面向"沟通行动"的长沙儿童友好规划方法与实践[J]. 规划师，2019(1)：77-87.
[4] Hart,R.A.Children's Participation：From Tokenism to Citizenship[R]. Florence:UNICEF International Child Development Centre,1992.
[5] 吴艳艳. 让城市回归儿童：创建儿童友好型城市评估框架[C]// 中国城市规划学会. 共享与品质——2018中国城市规划年会论文集，2018.
[6] 赵幻. 友好型城市儿童户外活动空间设计研究[J]. 大众文艺，2019(7)：65-66.

提供可持续的公共品是宜居社区建设的根本性机制

小区走向衰败难以避免？越来越多的例子表明存在"物业服务质量下滑—拖欠物业费—物业继续恶化"的循环。这也引出一个令人深思的问题："为什么设计使用不低于50年的住宅小区仅仅10多年后就老得不成样？良性循环的社区治理何时能实现？"一个宜居的社区，作为承载市民基本的日常公共管理与公共服务职能的空间单元，具备重要意义。而公共品的持续提供则是宜居社区建设的根本性机制。

申明锐
南京大学建筑与城市规划学院助理研究员，香港中文大学博士

张京祥
南京大学建筑与城市规划学院教授、博士生导师，江苏省设计大师

改革开放以来的经济发展与城市化进程，快速而深入地重构了中国的城乡社会格局，城市社区逐渐成为了老百姓居住生活的主体形态。在"城市中国"的背景下讨论城市治理问题，关系着社会稳定的大局能否持续，关乎人民群众"美好生活"的追求能否实现，其重要意义不言而喻。中共十八届三中全会提出了全方位"推进国家治理体系和治理能力现代化"的重大命题，城市治理被纳入其中；党的十九大报告中进一步明确了"加强社区治理体系建设，推动社会治理重心向基层下移，发挥社会组织作用，实现政府治理和社会调节、居民自治良性互动"的具体策略。社区是市民生活的最广泛归属，"麻雀虽小，五脏俱全"，其一方面直接面向居民的生活需求，是宜居城市的重要体现；另一方面，正是因为这样的属性，社区也成为当前各种社会经济矛盾和利益冲突的交织点。

规划理应在社区治理中发挥更大的作为。如果说社区治理是一系列围绕基层公共资源调配的主体间博弈，那么社区（住区）规划则是相关设施布局的技术手段，其制定与实施即蕴含着丰富的社区治理过程。进一步的，社区作为城市公共产品供给与消费的基本单元，有学者认为，公共产品供需机制的转变能够直接影响社区治理结构中各主体之间的权力关系，从而导致社区治理机制的演进，而公共产品有效供给的不足或供给机制的失衡将制约社区治理水平的提升。

公共产品供给市场化与物权意识强化

随着社会主义市场经济体制的逐步健全，市场在资源配置中的基础性作用不断增强，社区公共产品供给的市场化程度不断提高。社区物业服务也由过去政府统分包修模式，转向由社会化、专业化和市场化的物业企业进行管理的主流模式。总体来说，政府仍然是这一时期社区公共产品尤其是基本公共服务设施的主要提供者，尤其是在近年来更增加了对纯公益设施（在社区层面如城市口袋公园、小型游园、康体福利设施）的财政支持，体现了政府对社会公平正义的关注；以市场化物业企业为代表的市场力量成为社区公共产品的重要供给者，他们提供的产品更接近奥斯特罗姆定义中的"俱乐部产品"——城市封闭社区内部以会所服务、亲子教育等为代表的市场性服务项目，允许社区居民通过付费方式获得物业服务企业提供的排他性公共产品。

日益丰富且社会化的公共服务，正在愈加明显地与城市居民的住房及社区发生"区位捆绑"，城市居民生活配套基本脱离了原先的"就业单位依赖"。城市层面提供给居民的公共服务，很大程度上取决于其居住社区的区位，居民购买一套住房的同时，即意味着间接购买了与其区位所配套的教育、医疗、交通等一系列公共服务。"学区房"作为一种与优质教育资源捆绑的社区类型，在当今中国的房地产市场受到热捧，即是最好的例证——当代城市社会内，蕴含着包括教育等公共资源在内的空间分配方式由社会身份背景分配体系转向空间支配的空间化本质。而社区层面的公共服务质量（涉及保洁、绿化、安保等），在市场机制下又与住宅开发商及引进物业的实力品牌密切相关。这两个层面都反映了新时期的择居现象，其在本质上是一种由居民通过自由市场直接或间接购买公共产品的行为，在竞价机制的作用下，居民转而在市场中拥有获取相应公共服务质量的选择权。因此，也不难理解成为"业主"（homeowner）的居民对房产物权意识的不断强化。

随着住房私有化改革的不断深入，居民的物权意识逐步形成并迅速提升。2007年出台的《中华人民共和国物权法》从法律层面正式确立了对居民物权进行保护的思想。以一些"钉子户"事件为代表，全社会广泛关注一些热点征地拆迁中的公共利益和私有物权的博弈冲突。与此同时，网络技术的普及为公民参与及监督公共事件提供了渠道和平台，推动了公众参与意识的提高和公民社会崛起。在物权意识觉醒和公民参与意识提升的共同影响下，居民开始谋求在社区事务中获得更大的话语权，中国城市社区治理的格局出现了新兴的力量。

走向多元共治的业主社区

在城市社区治理层面，当代社区逐步由"街居制"的单一行政管理模式向多元治理模式转变，表现为市场力与行政力量的共同作用，以及居民对社区公共品、公共活动参与度的大幅度提升所带来的自治力量的出现。首先，近些年物业服务企业的大量出现代表了社区治理体系中市场力量的崛起。物业管理作为一个新兴的产业在中国的发展方兴未艾，根据中国指数研究院发布的中国百强物业服务企业分析报告，2015年物业百强企业营业收入达到1136亿元，过去三年复合增长率为38%，管理的住宅面积总量达35.5亿m^2，同比增长60%。物业公司通过为服务社区提供住宅修护、公共环境维护及治安管理等方面的有偿服务，合法获取收益，并参与到社区利益的协调分配中来。

与物业服务企业相伴生的，是业主大会/业主委员会逐步成为居民参与社区治理的重要组织和途径。根据2003年国务院颁布的《物业管理条例》，业委会的权利来源于业主的不动产所有权，其最初的职能也仅限于围绕着自身不动产管理的相关权益——代表业主参与物业管理、监督物业服务工作、在物业管理活动中维护全体业主的合法权利。在实际操作中，随着居民参与社区公共事务的意愿日益提升，作为传统意义上"群众性自治组织"的居民委员会已难以满足居民的需求。与之相比，业主委员会由社区业主大会选举产生，能够在社区事务中直接反映业主的集体意见，表达其共同诉求，从而填补了自下而上社区参与方式的空白，实现了一定意义上的自发性治理。社区日常性事务中，业主委员会代为监督公共维修基金的使用、主持选聘物业服务企业、了解业主对社区的意见和建议，并代表全体业主与住房行政机构、居委会及其他专业部门打交道，逐渐发展为社区治理中不可或缺乃至主导性的力量。

"物业公司 + 业委会"，这一对社区治理中利益相关者的出现，引发了全能型政府在行政管理层面的相应扩展。近年来，中国城市中物业主管部门多在街道层级设置了物业管理办公室，对辖区内各小区的业主委员会和物业公司业务直接监督、指导，乃至具体介入到社区内部的事务管理。此外，居委会仍然承担对所辖区域内的居民进行宣传教育、调解纠纷、协助维护治安等职能。政府主管物业的条状机构加入到传统块状的街居构架中来，一齐形成了双轨并行的社区行政管理系统。当然，在实际运行过程中也引发了职权交叉、责任模糊的新问题。

近些年来，也开始逐步涌现出一些其他类型的社区自治组织(voluntary organization)。这些从事非营利性服务活动的社会组织，多脱胎于社区居民自发形成的某种兴趣组或者互助会，发展壮大后则以民办非企业法人的身份在政府登记注册。社区自治组织一方面能够提供社区福利、互助、公益等多样化的服务，为社区内困难人群提供帮助，从而成为政府和市场之外社区公共产品供给的有效补充；另一方面，自治组织通过培育社区领导人、协助解决本地矛盾等方式，在社区事务中为居民提供了另一种非正式的投诉和问题反馈机制。因此这些带有自发特点的社会组织，能够极大地增强社区凝聚力、拓展社区服务功能，在一些大城市社区的日常管理中正发挥着越来越重要的作用。

社区治理演进推动公共品供给机制变迁

改革开放之后，中国城市内居民的物质生活水平得到了迅速的提高，城市社区的公共产品消费也日趋多元化。相应的，学术界对于社区公共产品的定义也在逐渐扩展——由过去狭义的、排他的定向服务走向愈发公共、开放却又充分差异化的谱系。公共产品的供给主体也从过去计划经济年代单一国家化的单位供给走向市场在资源配置中占支配性地位的阶段。具体而言，计划经济时期，社区公共产品以单位为载体由国家自上而下统一分配至个体成员，具备"俱乐部产品"特征，体制外成员难以享用。城市社区治理呈现以"单位制"为核心、居委会为简单补充的形态，具有垂直化、行政化特征；改革开放后，伴随着单位制的解体和市场化的冲击，公共产品供给责任开始由单位转向地方政府，作为基层行政力量延伸的当代社区逐步取代单位成为城市新的基层治理单元，城市社区开始形成以街道—居委会双层管理为核心、市场力量有限参与的"街居制"治理模式。转型阶段的存量社区，因治理主体不明确或可持续机制不健全等原因，也出现了基本设施难以保障的"公地悲剧"式现象；而随着改革的不断深入，社区公共产品供给的市场化程度不断提高，供给主体趋于多元，当代社区治理正在由单一行政主体向多元治理模式转变。这些社区层面的公共产品中，既有政府从空间公平角度新建的小型绿地等休憩空间，具备充分的公共性，全民都能享用。又有门禁社区内依靠物业费或会员制维持起来的收费产品，具备高度的排他性。治理主体方面，物业服务企业作为市场力量在社区公共服务配给上的主体地位进一步突出；基于社区资产维护管理的业委会和居民自愿结成的各类社区自治组织一道，共同成为社区居民自下而上参与社区治理的重要途径；地方政府则通过居委会和房管部门两条线索介入社区的行政管理——最终形成三方主体共同参与、相互博弈、彼此互动的中国当代城市社区治理模式。而在具体的住区规划设计方面，中国社区则经历了从指标化、均质化的布局形式向商品化、市场化设计理念的转变。

比照西方社区治理理论，由于文化、社会与体制背景的巨大差异，中国城市社区治理演进所展现出来的路径具有其特殊性。一方面，中西方文化背景的差异导致社区在中国天生并不具备西方语境下的公共性基因，更多则是体现了以基层行政辖区范围为边界、体现国家统治意志、承担大量行政性事务的"准行政实体"角色。进一步地，有别于西方社区治理强调公民力量和社群自组织能力的内涵，中国社会经济体制的特殊性决定了其城市社区治理始终带有明显的强政府干预特点。中国式社区治理注重病理式地诊断城市社区问题，技术化地对社区施以规制与改进，并致力于打造规整有序的物质环境与社区文化。也可以预判中国未来的城市社区治理必将探索出一套有别于西方经典理论的"中国方案"。

我们也应当清楚地看到，当前中国城市社区治理依然存在着政府服务监管过度介入、物业企业选聘和管理机制不完善、业委会及其他自治组织自我调控失范等许多具体问题。新时代背景下，面对社群自我意识的崛起、民间力量的快速发展以及法治社会的要求，如何满足人民日益增长的宜居生活需要，如何平衡与协调国家意志、民众诉求与市场资本等各方力量的关系，如何解决社区中公共产品供给需求不平衡、不充分的问题，仍是需要各方努力探索、共同回答的时代命题。

1949 年以来我国城市社区治理模式的演进

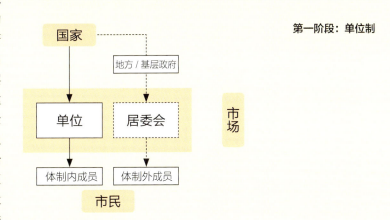

第一阶段：单位制

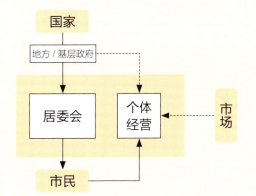

第二阶段：街居制

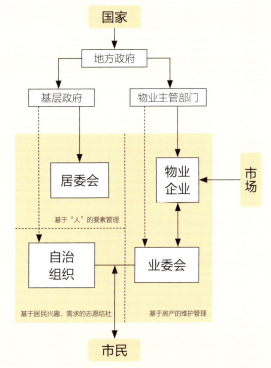

第三阶段：多元治理

本文节选自《城市与区域规划研究》2018 年第 10 期《从"单位小区"到"业主社区"：公共产品视角下中国城市社区规划与治理演进》。

城市步行环境与机动车停车专项调查
——以南京为例

□ 江苏省城镇化和城乡规划研究中心

  为全面了解城市步行环境和城市老城区停车空间使用情况，真实把握百姓对步行环境改善和对"停车难"改善的诉求，2019年年初，《江苏省城市人居环境发展报告2018》课题组以南京为例，开展了城市步行环境与机动车停车调查。调查表明：影响城市步行环境舒适度的因素依次为交通安全、便捷舒适、品质特色三个方面，城市步行环境存在机动车与非机动车侵占步道、步道网络不连通、步道设施破败等问题，应针对不同地区（商业区、老旧住区、新住区）的步行环境进行精细化改善；城市居民普遍反映"停车难"和共享单车乱停放问题，其中老旧住区停车困难程度尤为突出，占用公共空间等"停车乱象"频发，建设立体停车库、既有车位共享停车、停车收费差异化、加强共享单车监管是民众普遍支持的改善措施。

城市步行环境

  调查采取问卷调查、居民访谈与现场踏勘相结合的方法。回收有效问卷2373份，其中纸质问卷2085份，网络问卷288份。调查群体主要为19~45岁居民（占69%）。现场踏勘选取了6个样本区域，涵盖商业区、公共服务区、成熟住区、新城住区等。

调查样本区域分布

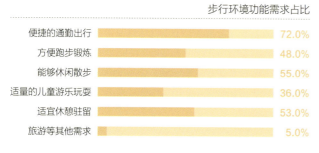

居民步行行为特征

  居民普遍认为交通安全是影响步行舒适度的首要因素，其次是步行空间干净整洁。步道功能除通勤出行外，居民还偏向选择休闲散步、休憩驻留、跑步锻炼。居民步行出行目的主要为日常出行和文娱就医出行两大类，每日步行时长通常在15分钟至半小时居多、其次为半小时至一小时。

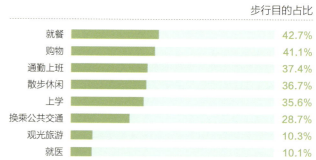

注：问卷为多选题，按每个选项进行0、1赋值（被选到为1、未被选到则为0），统计有效样本中选择该选项（赋值为1）的人数占比，反映居民对该选项的关注度。

影响步行舒适度的因素

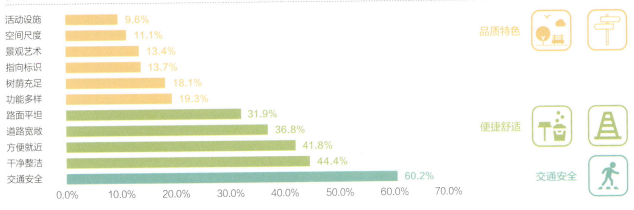

步行环境存在的问题

便捷通行欠保障

步道便捷通行方面，居民认为主要问题为非机动车侵占步道空间（占55%）、步道本身宽度不足（占54%）、机动车侵占步道空间（占43%）。老城区街道小巷普遍存在步行宽度不足的问题。共享单车投放量过多的公共交通换乘点，非机动车积压，侵占步行空间。部分地区也存在市政设施、施工建设侵占步行道的现象。

整洁舒适待提升

步道整洁舒适方面，居民认为主要问题为质量差、不平坦（占46%），铺装材质打滑（占36%）、道路林荫少（占34%）、街头公园少（占33%）、树种不合理（占33%）、绿化配置不合理（占31%）、排水不畅积水（占31%）。老城区建设年限较久的步道普遍存在不平坦、破损问题，新城区步行道建设质量相对较好。

步道网络未连通

连续的步道网络构建方面，居民认为主要问题为红绿灯等待时间过长（占57%），斑马线过长（占51%），地下通道、过街天桥绕路较远（占37%）。部分道路路口，由于设计、斑马线划设等问题导致行人过街不便。部分地段人行天桥、地下通道布局与人流分布不匹配。部分地区城市步道与周边公园绿地的联通性弱，如河西地区步行至滨江绿带，需要跨扬子大道快速路，步行路口少、间距大。

步道设施待优化

步道设施利用方面，较多地区盲道设施不健全、中断，缺乏座椅等休憩设施，部分变电箱设置、警亭设置遮挡占用步道空间，部分窨井盖高出地面阻碍通行，缺乏单独划定的非机动车停车位，自行车停车占用步行空间非常普遍。大量值班亭、书报亭、电话亭被废弃，既占用步道空间，也影响环境风貌。

附属空间乱利用

步道附属空间利用方面，商业区一些比较狭窄的街道，步行空间往往被延伸的商业店铺所侵占。对于商业活动需求比较大的地区，晚上开设夜市等临时性商铺，需要加强空间管理，形成良好的步行空间。

步道通行受阻

人行道狭窄

市政设施侵占人行道

非机动车侵占人行道

施工建设侵占行道

影响步道整洁舒适的因素

盲道设置不合理

雨天凹陷处积水

道路林荫少

井盖凸起

街道商业附属空间利用乱象

店铺设施占道

店铺楼梯占道

步道上的废弃设施

废弃值班亭

废弃服务亭

百姓声音

> 车辆停放缺乏规范
> 路旁施工材料堆积占道
> 铺装破损不平
> 老城区步行道过窄
> 盲道使用率很低，很多处都不合理
> 城市建设施工影响步行安全

> 斑马线长的繁华地段缺少地下通道
> 建议建设便利性商业通道，增加安全性，利于引导通行
> 人行道上存在借道并道问题
> 有时两点间没有直达路径，需要绕远
> 地下通道与天桥内部功能单一，无质量与特色，造成空洞感

调查实录

珠江路片区步道环境分析

将军巷   小纱帽巷   成贤街   碑亭巷

图例：步行道适宜 / 步行道缺失 / 步行道过窄 / 盲道侵占 / 盲道错误 / 盲道缺失 / 施工侵占

步行环境提升的百姓诉求

改善步道公共设施状况

居民要求改善的设施主要为增加休息座椅（占59%），调整阻碍步行的电力箱体、杆线等（占41%），改善夜间照明设施不足或损坏（占35%），改善盲道等无障碍设施（占33%），增加垃圾桶等卫生设施（26%），清理利用废弃电话亭、书报亭等设施（占25%）。

改变街道附属空间利用方式

大部分居民认为应由政府统一管理街道附属空间，用于增加停车空间和休憩设施；需要对街道附属空间进行清理，杜绝侵占；商铺按照公共、美观的合理形式利用街道附属空间是可接受的。

优化沿街建筑立面

对于广告牌等建筑附属设施，60%的居民认为需要个性化设置，没必要统一，体现地域文化特色很重要。对于沿街建筑立面，认为应统一形式和应保持多样性、没必要统一的各占40%。

针对性改善不同片区步行环境

不同地区居民的诉求略有差异。商业区居民出行目的主要为购物、就餐，对便捷交通和休憩散步诉求较高，需要增加休憩座椅、减少沿街商业对步行空间的侵占。老旧住区的步道设施改善压力相对较大，步道空间局促，设施配备不够完善，花坛、垃圾桶破损、缺失，绿化面积小，夜间照明设施不足。新住区主要面临道路林荫少、绿化配置不美观、斑马线过长、红绿灯等待时间过长等问题，面临步行环境品质提升的诉求。

居民对于街道附属空间利用的态度

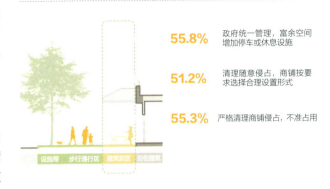

55.8% 政府统一管理，富余空间增加停车或休息设施

51.2% 清理随意侵占，商铺按要求选择合理设置形式

55.3% 严格清理商铺侵占，不准占用

街头景观小品

珠江路街区在街头设置了老年活动场所，仁恒江湾城街区在街边设置了休息廊架和景观亭，形成较好的步行公共空间。

老年活动场所

休息廊

景观廊架

步道设施的改善需求占比

58.9% 增加休息座椅

40.8% 电力箱体、杆线等阻碍步行，需要调整

34.8% 夜间照明设施不足或损坏

32.5% 盲道等无障碍设施不完善

28.3% 完善标识、标线指示

25.8% 增加垃圾桶等卫生设施

25.0% 废弃的电话亭、书报亭等需要清理

机动车"停车难"

调查采取问卷、居民访谈与现场踏勘相结合的方法。有效问卷 2506 份，其中纸质问卷 2174 份（含共享单车问卷），网络问卷 332 份。调查群体主要为 19~45 岁居民（占75%）。现场踏勘选取了 21 个样本区域，涵盖新老小区、商业区、旅游区等。

调查样本区域分布

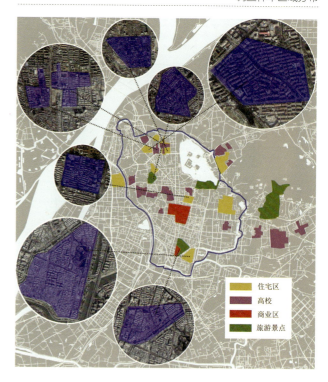

住宅区
高校
商业区
旅游景点

调查样本年龄构成

| 8.7% | 44.9% | 30.0% | 12.6% | 3.6% |
| 18岁以下 | 19-30岁 | 31-45岁 | 46-60岁 | 60岁以上 |

普遍存在"停车难"

居民普遍遇到过"停车难"问题（占90%），且集中在上下班时段，其主要原因为停车位不足、分布不合理。分区域看，停车困难程度呈现老旧住区＞商业区＞景区＞新住区的态势。尤其是20世纪80、90年代建造的老旧小区，没有规划建设配套停车位，加之管理不规范，停车难问题更为突出，其周边的路边停车位和社会停车场也基本饱和。2000年以后建造的住宅小区，该问题相对得到缓解。成熟商业区由于停车场布局不合理和管理问题，存在饱和与闲置并存的现象，造成停车难。景区停车位相对充足，停车难的主要原因是停车费收费高。

造成停车难的关键原因

停车位不充足 74.9%
停车位分布不合理 37.0%
空余车位不共享 30.5%
停车位收费过高，不愿意停放 26.9%
停车场管理不规范 21.6%
停车位信息不充分 15.1%
停车费收费过低，造成拥挤 7.2%

不同类型区域停车现状情况

老旧小区的停车现状　　商业区的停车现状

什么时间段遇到停车难

00:00-07:00　6.2%　　14:00-16:00　19.8%
07:00-10:00　48.9%　　16:00-20:00　55.3%
10:00-14:00　22.8%　　20:00-24:00　16.3%

产生的"停车乱象"

老城区的"停车难",直接导致了各种停车乱象,给城市环境整治和管理带来挑战。

公共空间被占用

老城区原本有限的步行空间、绿化空间被停车占用,如车辆越过路缘石停放在步道上、迁移原来道路口的树木变为停车位、消防通道等应急车道或住区内部回车场被占用。

可改造空间不足,违章停车

部分地区道路较窄,无法实施路边停车,导致违停、停车位超量停车;部分单行线道路,路边车辆违停,给通行带来诸多不便。

变"公共"为"私占",固定方式占据车位

诸多居民采用车位地锁或"僵尸车"形式,长期占用公共车位,如以报废车占用住区内部绿化空间。

私占停车资源

车位地锁占据车位　　　　　非机动车等物品占据车位

超量、违章停车

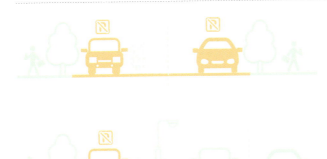

道路违停阻碍通行　　　　　道路较窄,超量停车　　　单行线路路边停车

占用公共空间停车

占用步行空间停车　　占用小区内绿地停车　　占用公共广场停车　　占用消防通道停车

解决"停车难"的百姓诉求

挖掘闲置空间增设停车场地

15%的居民表示大力支持将公共空间改造成停车场，36%的居民认为在保障人行、休闲空间的情况下可以适当设置，47%的居民持反对态度。其中老年人较多的住区，更希望保留公共活动空间。

优化路边停车

17%的居民认为应大力支持；59%的居民认为是临时停车的补充，须规定允许停放时间或在局部地区设置；14%居民持反对态度，认为影响交通须撤除。

建立体停车库

78%的居民表示支持建立立体停车库，认为可以缓解停车难问题，同时也有一些居民担心停放操作难、存取时间长、收费贵等问题。

合理的停车收费

根据调查访谈，多数人表示仅依靠高停车收费，无法缓解交通拥堵。当停车费高于违章停车费用，寻找车位超过5分钟，车主一般倾向于违停。52%居民表示提高路边停车的收费无法加快停车运转。

富余车位共享停车

约75%的居民表示在加强管理、不影响私人停车的情况下愿意将车位在空闲时段共享。而停车紧张的住区居民，车位共享的意愿较低。对于政府、企事业单位内部停车场对外开放，61%的居民表示支持。从实地调研看，锁金村社区周边林化所、南京邮电大学以及国展中心等内部停车场对外开放，有效缓解了周边老旧小区停车位不足的状况。

🔊 百姓声音

> 绿化空间过多，可改造为停车场。
——龙江地区居民

> 要绿化不要车。
——老城南地区居民

> 治理停车占用公共空间，多建绿化。
——老旧住区老人

> 适度公共空间改造，因地制宜设置停车位，缓解停车需求。
——青年人

🔍 调查实录

四牌楼地区的老旧小区，内部车位严重不足，小区内居民大多数心理上并不支持车位对外开放。

新建小区有空余停车位，居民对于将空余车位对外开放多数表示支持。

锁金村社区周边林化所、南京邮电大学以及国展中心等内部停车场对外开放，有效缓解了周边老旧小区停车位不足的状况。

校区内部停车位空余

部分商业设施停车位空余

		锁金五村16号（林化所）	龙蟠路177号（南京邮电大学）
泊位总数	🚗	160个	95个
收费	💰	白天0.5元/15分钟 夜间1元/小时	白天1元/15分钟 夜间1元/小时
利用率	%	95%	80%

锁金村周边的企事业单位停车场

共享单车停车

存在问题

共享单车的车辆无序停放及车辆损坏且维修不及时两大问题最为严重（占比均达到68%），其次为车辆分布不均（占51%）。地铁站周边，由于缺乏足够的非机动车停放区域，是共享单车无序停放较为突出的地区。

共享单车的投放主要集中于商业区、地铁站等人流密集区，人流较少地区投放数量有限，从居民便捷交通出行看，需要依赖公共自行车进行补充。

共享单车占用绿化空间或非机动车道的现象较为普遍，形成对步行空间的挤压，也存在共享单车占用公共自行车停车桩的现象。

共享单车停放现状问题

占用公共空间停车

共享单车乱停 ｜ 共享单车停放占用绿化带 ｜ 共享单车停放占用步行道

百姓诉求

居民普遍认为虽然共享单车乱象严重，但极大地便捷了日常生活，希望能在加强监管的前提下，促进其有序健康发展，也希望将共享单车管理融入公共自行车管理体系。

对于共享单车停车问题，居民希望多途径解决，如政府设置固定停放点、督促运营企业进行停放引导、采取罚款清拖等处罚方式、政府设置禁止停放区等。

居民对待共享单车态度

- **70%** 应继续发展，但要加强运营管理
- **62%** 政府接管，融入公共自行车体系
- **18%** 相信市场会自动调节
- **14%** 增加管理压力，反对继续发展

政府应如何加强对共享单车的管理

- **65%** 政府设置固定停放点
- **51%** 政府设置禁止停放区
- **46%** 督促运营企业进行停放引导
- **15%** 采取罚款、清拖等处罚方式
- **12%** 政府不进行过多干预

上海市遗产社区的改造更新与社会问题探究

□ 作者 王甫勤，同济大学社会学系副教授
马瑜寅，同济大学社会学系硕士研究生

本研究从上海市遗产社区中抽取了6个区、105个里弄进行了抽样调查，对目前里弄更新与改造现状及所存在问题的整体态势有了一个宏观的把握。本研究发现，在里弄的更新与改造方面，生活设施、建筑消防设施都有一定的改善，市政设施作为里弄居民公共生活空间的保障，还需要加大整改力度；就里弄目前亟待解决的问题而言，基础设施落后、配套设施跟不上及老鼠害虫横行等是最值得关注和最需要解决的三大问题。

关键词：遗产社区；改造更新；里弄；配套设施

背景

里弄是上海市建筑的特殊代表，塑造着上海市的都市风格。在上海快速城市化和社会变迁过程中，一方面，由于建造年代的久远，新旧里弄在建筑规划、物理空间等方面制约着城市的快速发展，因而成为了城市化的牺牲品，大量的里弄社区被迫拆迁和改造，使得原有的社区功能遭到破坏。另一方面，新旧里弄作为海派建筑文化的代表，也是上海人社会记忆的根本载体，具有非常强的文化功能。因此，关于里弄的更新与改造问题成为了城市化进展中的重点与难点。

近年来，在政府、市民等多方的共同努力下，里弄的更新与改造正在如火如荼地展开，建筑、地理、规划等学科的很多学者都对该问题进行了相关研究。上海市里弄的更新与改造也成就了很多成功的案例，如新天地模式、田子坊模式、步高里模式等。越来越多的学者分析这些里弄成功的经验，为上海市遗产社区的保护与更新建言献策。现有学者关于里弄的研究主要集中于从不同学科、不同视角出发，对里弄更新与改造的成功模式进行探究，挖掘这些成功改造的遗产社区背后的经验。有学者根据里弄建筑的普遍特征和研究个案——上海西王家库地块里弄的个体特征，探索出"高层架空"的上海市里弄保护新模式（吕晓钧，卢济威，2003）；学者朱晓明、古小英等人对用地性质变更、"丰"字弄堂空间变异的商业开发模式，用地性质变更、文物拆除重建的商业型改造，用地性质不变、石库门"居改非"的商居实践，用地性质不变、从和合坊到步高里的改善生活型实践等四种具体方式进行评述，因地制宜地来探索最适合居民的居住环境；学者万勇从房地产开发、原住民自发、区域政府组织三个角度对里弄更新与改造的方式进行了总结与概括，最终将里弄更新与保护的关键环节归结于产权制度和规章制度的完善与执行（万勇，2014）。现有学者关于里弄的研究除了模式探索之外，还有一些学者基于技术角度探索适合上海里弄保护的管理和检测技术。学者申立、申悦基于GIS建立上海里弄更新查询系统（SLQAS），力求对里弄进行监控、管理、更新与保护，为进一步制定策略和方针提供技术支持（申立、申悦，2014）。总的来说，现有学者关于上海市遗产社区的研究多集中于成功模式的探究及技术探究，缺乏对更新改造情况和现存问题的详细了解；在研究方法和学科上，多数研究属于个案研究，质性研究为主，规划、建筑学的研究占据大多数，缺乏对整体态势的把握，人文角度的研究较少。

目前，随着城市改造的进一步推进，每日仍有不少里弄在新的城市规划下，面临拆除的命运。如何从不同学科的角度来发掘新旧里弄社区在历史上所承担的功能，里弄居民的生活状态是什么样子，对新的城市社区治理是否有一定的借鉴意义，在目前研究中，并未得到重点关注。本研究以新旧里弄及内部居民作为调研对象，通过深入访谈和大样本调查来客观描绘当前上海新旧里弄更新与改造的基本特征和现存的社会问题，以期对目前里弄的更新与改造状况有一个系统而全面的把握。

上海市里弄情况与样本情况

本部分主要介绍上海市里弄的基本状况及分布，同时对本文的样本情况和特征进行简单的介绍。

调查规模与分布

本研究调研所指的遗产社区主要是指中华人民共和国成立以前建造的、目前仍以居住和日常生活作为主要功能的空间结构。狭义上说，本研究专门指位于上海市中心区域的旧式、新式里弄。依据上海同济城市规划设计研究院所提供的上海里弄基本信息数据库，符合本研究定义的上海新旧里弄一共为1476条。根据里弄类型（新旧）、是否挂牌，以及区位房价三个维度进行分层随机抽样，确保每种类型的里弄都有符合的样本。根据该原则，一共抽取了108条里弄，样本分布范围见下表。

本次调查实际完成数据收集的里弄共105个，其中，老式（石库门）里弄数量为65个，占所调研里弄总数的61.9%，其余40个里弄均为新式（石库门）里弄，占比约四成。样本主要分布在长宁区、虹口区、黄浦区、静安区（含卢湾区）、徐汇区、杨浦区等6个区域。本次调研的105个里弄规模有所不同，最小里弄内仅有7户住户，最大规模里弄内有2238户住户，平均每个里弄约有226户住户。其中，有些里弄内没有自住居民，最多的里弄内有1546户自住居民，平均每个里弄内约有135户自住居民，自住户占比超过半数，约为57.9%，自住仍是里弄房屋最主要的使用形式。里弄内的租住户最少也有1户，最多达到1014户，平均每条里弄内约有93户租住户，租住户占比约四成，租住情况较为普遍。每条里弄内平均约有9户无人居住的空关户，空关户最多的里弄可达到158户，总空关户的占比为3.3%，空关率较低。每条里弄内平均约有9户是领取上海最低社会保障金的住户，这些住户数约占总住户数的3.4%。此外，过去三年内平均迁入、迁出里弄的户数均约为11户，迁入迁出的情况较少，里弄内部的流动性较低。

在里弄居民年龄结构方面，平均每条里弄内约有185名60岁以上居民，最大规模可达到1458名，60岁以上居民占比将近三成，里弄老龄化问题较为突出。其中，80岁以上居民平均约有50位，最多可达433名，占比约为8.1%。相对而言，14岁以下儿童与青少年的数量较少，平均为44名，约占里弄人口总人数的5.9%，远不到一成，青少年数量的不足也可能导致里弄活力不足，进一步凸显老龄化形势的严峻。

据调查，里弄居民的平均月收入在1500~4500元之间，累积百分比达到95%。其中，约38%的里弄干部认为，其居民的平均月收入在1500~3000元的范围之间，约六成的里弄干部认为，其居民的平均月收入在3001~4500元间，平均月收入超过4500元的居民占比较少，大约仅为5%左右。

样本基本情况（N=105）

		频次	比例（%）	
类型	老式石库门里弄	65	61.9	
	新式石库门里弄	8	7.6	
	新式里弄	26	24.8	
	花园里弄	6	5.7	
区域	长宁区	7	6.7	
	虹口区	24	22.9	
	黄浦区	36	34.3	
	静安区（含卢湾区）	16	15.3	
	徐汇区	10	9.5	
	杨浦区	12	11.4	
居民收入	1500~3000	38	38	
	3001~4500	57	57	
	4501~6000	4	4	
	6001~7500	1	1	
		均值	最小值	最大值
各里弄总住户数		226.2	7	2238
居住方式	自住户	134.8	0	1546
	租房户	92.7	1	1014
	无人居住，空关户	8.7	0	158
	领取最低保障金住户	8.6	0	100
过去三年迁出户数		11.1	0	365
过去三年迁入户数		11.6	0	209
60岁以上的居民		185.1	1	1458
80岁以上的居民		49.8	0	433
14岁以下儿童与青少年		44.2	0	317

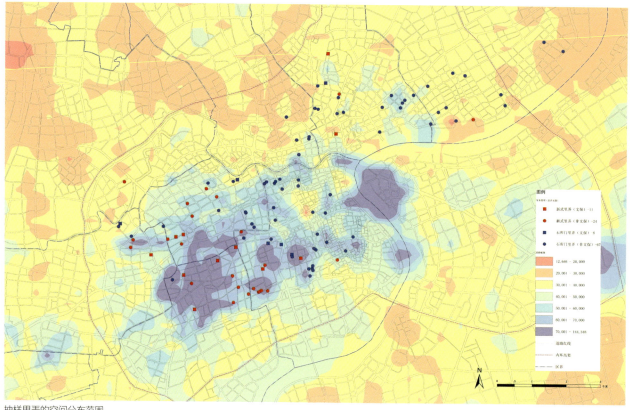

抽样里弄的空间分布范围

遗产社区的改造情况

石库门里弄作为上海建筑的一种重要形式，不仅承载了城市历史文化的记忆与厚重感，更承担了一大部分居民日常居住和生活的基本功能。但是，由于建造年代久远，其建筑质量和居民生活配套设施一直处于亟待改善的情况。本次调研将近五年各里弄基本设施改造情况纳入调查范围，初步了解了各里弄基本设施改造情况。

生活设施改造情况

由于历史及房屋条件的限制，石库门里弄内居民的电表使用一直遭到诟病，改造呼声极高。本次调查数据显示，105个被调查里弄中有76个里弄在近五年内进行了电表更换，占比超过七成，达到72.4%，更换比例较高。同样基于各种原因，石库门里弄内居民分户水表的安装还存在一些未完成的情况。约有50%的被调查里弄在近五年来实施了分户水表的安装。卫浴设施的缺乏对于石库门里弄的居民来说也是造成生活不便的重要原因之一。在被调查的105个里弄中，有32个里弄近五年来为居民实施了抽水马桶的安装，占比达到30.5%。由于电线排布久远，一些石库门里弄的电线已经因过度超时使用而发生了老化的现象。随着人们生活水平的不断提高，老旧低压电线已无法满足居民使用空调等大功率电器的需要，更换电线的需求也被提上日程。有54个被调查里弄在近五年内为居民更换了电

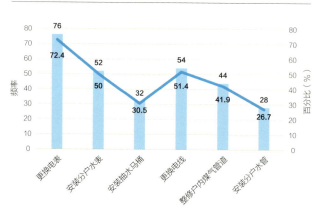

线，占比达到51.4%。除了更换电线外，基于生活需求的增长及各项安全需要，整修户内煤气管道的工作也在积极开展中。在105个被调查里弄中，有44个里弄近五年来进行了户内煤气管道的整修，占比超过四成。除了户内煤气管道的整修外，有28条被调查里弄在近五年内同样也实施了户内水管的整修，以优化居民的户内生活设施，整修率接近三成。

总的来看，里弄内居民的生活设施改造幅度较大，更换电表和电线的超过半数，在用电方面，居民的生活需求较大。

建筑及消防设施改造情况

除户内生活设施外，本调查还收集了有关里弄内房屋建筑设施本身的改造情况。如下图所示，有64条被调查里弄在近五年内进行了外墙粉刷，改造率达61%，粉刷外墙的满意程度也达到了40%。高达61%的外墙重新粉刷率也使得石库门里弄看起来更有生气。除了对建筑外墙进行粉刷外，56条里弄还对房屋屋顶进行了大修，整修率达到53.3%。同时有39条里弄还对房屋内的楼梯进行了整修，整修率接近四成。除上述提及的建筑设施外，还有43条被调查里弄进行了建筑物门窗整修的工作，占总被调查里弄的40.9%。

本次调查还涉及对里弄各户内消防设施改造情况的了解。根据调查数据显示，105个被调查里弄中，有65个里弄在近五年内为住户安装了自动喷淋，占比超过六成，达到61.9%，充分说明有关部门对里弄的消防安全意识有所提升。除了自动喷淋装置外，仍有43条被调里弄安装了其他消防设施，占所调查里弄的41%。

在建筑及消防设施方面，粉刷外墙、屋顶大修、安装自动喷淋频率较高，这与以往学者提出的里弄居民生活环境恶劣的观点（吕晓钧、卢济威，2003）相吻合，这也是本文的一个重要发现。

市政设施改造情况

里弄作为城市生活的公共空间，其市政设施的保障也是必不可少。如下图所示，在受调查的105个里弄中，有33条里弄在近五年内进行了给水管的整修，占31.4%。污水给水管作为市民生活必需的市政设施，其改造和修缮也显得至关重要。35条被调里弄在近五年内进行了污水给水管的整修。有37条里弄还对燃气管进行了整修，占比达到35.2%，对于里弄居民的用气安全提供了进一步的更新和保障。除了替住户更换电表与户内电线外，34个里弄将供电线路进行了整修，占比超过三成，达到32%。本次调查还显示，105个被调查里弄中，仅有20个里弄开展了电话线整修的工作，仅占19%，作为市政设施的电话线整修率较低，这可能与手机及网络通信迅速发展，人们对电话的需求与依赖有所下降有关。33条里弄近五年来进行了市政消防设施的更新，占比超过三成。

市政设施的改造幅度比起生活设施、建筑消防设施有所减小，未来可能成为政府主要改造的空间之一，这也是维护里弄居民公共生活空间的必须之举。

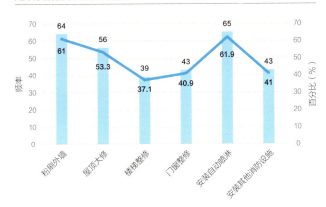

建筑及消防设施改造情况

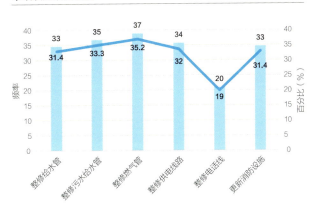

市政设施改造情况

遗产社区的现存问题

里弄一般处于市内黄金地段，周边环境较好，交通、商场便利，同时拥有丰富的周边设施，方便居民的日常生活。但是里弄内部生活环境较为恶劣，居住环境较差，居民渴望改变现状的愿望日益增长。基于此，笔者同时对里弄存在的问题进行了调查，关于上海市遗产社区存在的问题，本次调查主要从卫生和环境、里弄综合社会问题及里弄设施存在的问题三个方面进行衡量，期望对现状进行完整的了解，同时为遗产社区的改善提供合理的建议。

卫生和环境问题

针对里弄内可能存在的各种卫生和环境问题，本次调查也细分到各个层面，对可能存在的问题及其严重程度进行了测量。

"居改非"问题一直是困扰石库门里弄的"顽症"。本次调查数据显示，该情况可能已经有所改善。105个参与调查里弄中，有接近六成的里弄不存在"居改非"的现象。19.8%的里弄"居改非"现在不太严重，只有6.9%的里弄该现象仍比较严重，仍须花力气整改。这说明根据笔者的调查，在上海市的遗产社区中，"居改非"现象并不明显。

在空气、噪声及光污染方面，在参与调查的105个里弄中，超过半数的里弄认为不存在空气有异味的问题，也有约15.6%的里弄认为其里弄内的空气异味问题比较严重及非常严重。该问题在里弄与里弄之间的差异性较大。在噪声污染方面，50% 的参与调查里弄内不存在该问题，42.1% 的里弄内该问题情况不太严重或一般，仅有 7.8% 的里弄内噪声污染较为严重。总体而言，里弄内的噪声控制情况较好。里弄内光污染的现象同样并不严重。105 个参与调查里弄中，66.3% 的里弄内不存在光污染问题，超过三成的里弄光污染问题一般或不太严重，仅有 3% 的里弄认为光污染的问题比较严重。

由于石库门建筑的年代性及特殊性，白蚁问题及老鼠和害虫问题也是里弄关注的重点问题。根据此次调查的数据显示，105 个参与调查的里弄中，有 14.6% 的里弄不存在白蚁问题，白蚁问题比较严重及非常严重的里弄仅有 21.3%。相对而言，老鼠和害虫的问题更严重一些。仅有 2.9% 的里弄不存在老鼠和害虫问题，37.5% 的里弄的老鼠和害虫问题处于比较严重和非常严重的阶段，需要给予更多的关注。随着宠物饲养的日益普遍，宠物粪便问题也日渐突出。105 个参与调查的里弄中，12.6% 的里弄不存在宠物粪便的问题，23.3% 的里弄该问题目前比较严重及非常严重，超过两成。

在公共卫生服务设施方面，目前各里弄都做得比较好。参与调查的 105 个里弄中，有 41.6% 的里弄不存在生活垃圾不能及时清理的问题，当然，也有 13.9% 的里弄该问题比较严重，里弄间的差异性比较大。在公厕问题上，71.3% 的里弄公厕都比较干净，仅有 1% 的里弄认为公厕太脏问题非常严重，在公厕整洁性上，各个里弄都保持得较好。在弄堂内卫生死角的问题上，参与调查的 105 个里弄中，30.7% 的里弄内不存在卫生死角，大部分里弄卫生死角的情况不严重，仅有 11.8% 的里弄在该问题上呈现比较严重的情况。

在里弄房屋基本的日照和通风情况中，21.4% 的里弄住房不存在日照不足的问题，将近五成的里弄认为其住房日照不足的问题一般及不太严重，将近三成的里弄住房仍存在日照不足的问题，且情况较为严重。自然通风方面，31.7% 的里弄认为其弄内住房通风充足，52.4% 的里弄通风问题不太严重，而 15.8% 的里弄则严重缺乏自然通风。自然不足与缺少自然通风的情况都与里弄房屋结构的设计及社区内建筑物过于拥挤有关。

在涉及弄堂道路的相关问题上，本次调查也进行了相关测量。参与调查的 105 个里弄弄堂道路的整体整洁情况良好，仅有 9.8% 的里弄认为弄内道路脏乱的现象比较严重。弄堂路面也大多保持完整，46.5% 的里弄不存在路面破损的情况，仅有 7% 的弄堂路面破损情况较严重。在弄堂内道路的使用情况上，主要存在两个比较突出的问题：汽车占道停车及非机动车乱停放问题。汽车占道停车的情况不算严重，49.5 的里弄不存在该类情况，近有 13.9% 的里弄在该问题上显示出较严重的情况。与此相对的是，非机动车乱停放现象较为严重。13.9% 的里弄在该问题上表现得较为严重，高于汽车占道停车的情况。

整体来看，上海市遗产社区内部的卫生和环境问题较为严重的现象并不明显，问题较为突出的是老鼠和害虫、白蚁及宠物粪便等问题，这些需要里弄居民针对具体问题关注周围环境，做好相关防范工作。

环境和卫生问题

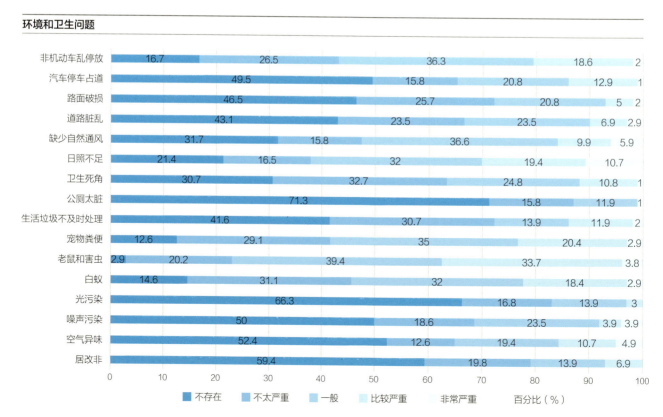

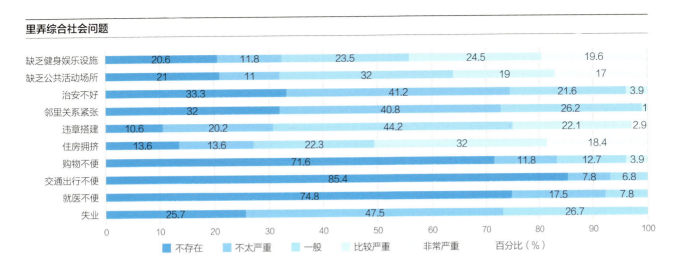

里弄综合社会问题

里弄综合社会问题

里弄居民的失业状况较为乐观。所有参与调查的里弄中，不存在失业问题较严重的里弄。25.7% 的里弄不存在失业问题，其余里弄的失业情况均不太严重。在就医与出行方面，参与调查的 105 个里弄中，绝大部分里弄不存在就医不便与交通出行不便的问题，就医与交通出行的便利程度较高。仅有 25.3% 的里弄认为就医稍有不便，14.6% 的里弄认为交通出行稍有不便。在购物方便程度上，71.6% 的里弄不存在购物不便的问题，仅有 3.9% 的里弄认为该问题比较严重。总体而言，里弄周边的购物相对便利。

除了里弄内部的一些问题外，住房拥挤是里弄内存在的最突出的问题之一，也是长久以来难以得到根本解决的问题。在参与调查的 105 个里弄中，仅有 13.6% 的里弄不存在住房拥挤的问题，约有 50.4% 的里弄存在住房拥挤不堪的情况，其中 18.4% 的里弄在该问题上表现出非常严重的态势。住房拥挤不堪的问题仍长久困扰着里弄内的居民。违章搭建又是长久以来里弄最突出的问题之一，随着整治力度的加大，该问题获得了一些改善，但仍然突出。

近 10.6% 的里弄不存在违章搭建问题，四分之一的里弄内违章搭建的现象仍比较严重及非常严重。里弄社区基本上可以说是一个熟人社会，一直以来都有邻里关系良好、亲近的佳闻。邻里关系紧张的里弄仅占 1%，其余里弄邻里关系紧张的情况都不太严重，其中 32% 的里弄内不存在邻里关系紧张的情况，邻里和谐、友善得到了再一次的证实。与邻里关系相类似的是，里弄的治安状况总体而言也相对也较好。参与调查的所有里弄中，近三分之一的里弄不存在治安状况不好的问题，仅有 3.9% 的里弄认为治安状况不好的问题比较严重。由于里弄的公共空间十分有限，缺乏公共活动场所及健身、娱乐设施的情况一直遭到诟病，本次研究也印证了这一点。36% 的里弄在缺乏公共活动场所这一问题上显示出比较严重及非常严重的情况。健身、娱乐设施的缺乏更是突出，有 44.1% 里弄严重缺乏该类设施。这也对日后里弄的改造和更新提出了针对性的要求。

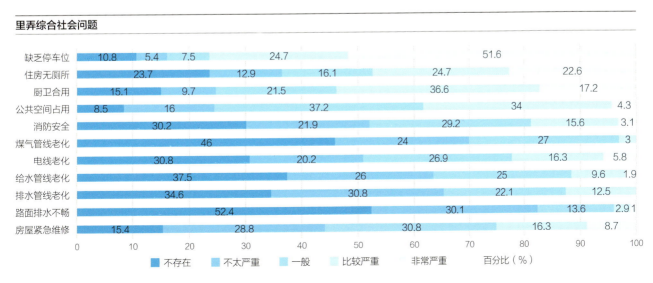

里弄综合社会问题

注：本文的调研数据来自 2016 年上海同济城市规划设计研究院科研项目"上海遗产社区研究"。课题负责人：同济大学周俭、朱伟珏。子课题负责人：同济大学王甫勤。

专家学者共话江苏宜居城市建设

□ 整理 江苏省城镇化和城乡规划研究中心

为更好地谋划推动宜居城市建设，江苏省住房和城乡建设厅在 2019 年 2 月 16 日和 3 月 30 日分别组织召开江苏宜居城市建设高层专家座谈会和宜居城市建设专家会。来自业内的专家学者们深入交流研讨，为更好地推动宜居城市建设、建设人民更加满意的城市提出了诸多中肯意见和建议。现将专家发言摘编刊发，以飨读者（发言顺序不分先后）。

会议现场

" 强调人的感受，将视觉优先转向人的体验优先 "

仇保兴[①]
国务院参事、住房和城乡建设部原副部长、中国城市科学研究会理事长

推动"菜单式"老旧小区绿色化改造，其中必备选项包括建筑性能检测和加固、外墙保温改造、可再生能源与建筑一体化、建筑雨水收集、加装电梯适老改造、中水回用改造、供热计量改造等。拓展选项包括社区绿化和外墙绿化、增加社区对外通道、海绵社区整体设计改造、建筑外遮阳改造、厨房油烟集中过滤等。

伍江
同济大学常务副校长

宜居城市建设中要更多关注高品质在城市功能和人的具体感受上的体现。要着重提升建成环境的空间品质，从关注"好看"到注重"好用"。进一步优化社会文化品质，注重弱势群体的需求。重点关注日常生活品质的便利性，注重摊贩、小商店等便民商业。提升城市管理品质，探索体制机制创新，修改完善法律法规和技术标准。

崔功豪
南京大学教授

宜居城市的基本出发点是人，是以人为本的城市建设理念最具体、最深刻的体现。当前关键是五个环境的建设：提供人们多元选择的就业环境；满足全人群的需求环境；青山绿水、鸟语花香的绿色生态环境；安全、公平、和谐的社会环境；尺度宜人的空间环境。

王芃
深圳市政协党组成员

宜居城市就是功能性好的城市。城市是一个非常复杂、综合的系统，宜居城市需要回归到最基本的功能。评价和管理城市，需要回归到简单的方式，就是人的视角。宜居城市要遵循城市规律，回归到高质量发展。

潘安
广州市城市规划协会会长

建构一个相对平衡、互有关联的城市土地、建筑空间容量、人口规模和经济总量的合理匹配关系，是宜居城市的根基。宜居城市要为市民提供更多、更优质的户外活动空间。

孙一民
华南理工大学建筑学院院长

宜居城市建设要在注重治理的同时更多考虑人民群众的感受，将管理和服务更好结合，把"为人民服务"作为立足点，进一步体现"以人民为中心"的发展思想。强化体制创新，落实城市总设计师制度。建立监督与商讨机制，通过城市论坛、都市话题等栏目在监督方面适度给媒体一些空间。

注：① 中国城市规划设计研究院副院长兼副书记李迅代为发言

张利 清华大学建筑学院副院长	目前的建筑设计已不应再强调是独立自由的艺术创作，而是要更多地关注城市和人，建筑创作本身已经开始向宜居和人的生活靠拢，这是建筑学科发展不可改变的规律，要将对城市判断的视觉优先，转向人的体验优先。
陈薇 东南大学教授	从一个普通市民的角度看宜居，有三个特征：一是去中心化，去中心化的必然产物是选择的多样性，有多种生活方式、文化氛围、社会习俗的选择；二是滞时，通过场景化、体验性、真实感的营造，使人们愿意花时间停留在不同场所；三是品质，特别要关注打造好边角余料空间。

" 注重共同缔造，要更加突出市民参与 "

唐凯 中国城市规划协会会长	宜居城市建设本质上是转型、提档升级的过程，也是治理的过程。真正的宜居城市有很重要的一点，就是要让老百姓像主人一样。做到共同缔造，会让百姓更加热爱自己的城市，所以要突出百姓参与，交给百姓主动权。
孙安军 中国城市规划学会理事长	宜居城市建设是全社会的共同行动，可以将宜居城市建设与街道及社区管理结合起来，让工作有更实的落脚点，促进群众更广泛地参与。要更关注微环境、小问题，微小而确切的行动是宜居城市建设的积累与量变的关键。
王建国 中国工程院院士、东南大学教授	要注重宜居城市事件和活动的策划组织，打造丰富可体验的高质量空间场所。以数字化方式推动宜居城市建设共同缔造。当今社会的数字化深刻影响了年轻一代的交往习惯，高品质环境也应不断变化以适应新时代的社交需求。

" 强化统筹精准施策，宜居城市建设需久久为功 "

邢海峰 住房和城乡建设部建筑节能与科技司副司长	下一阶段城乡建设高质量的工作重点包括城市体检试点、打造美丽城市样板、总结生态修复和城市修补经验、推进十五分钟社区生活圈试点、推进老旧建筑改造利用试点、推动住宅小区品质提升、加强历史文化名城保护、落实城市综合防灾安全等方面，希望江苏尽快形成一些可复制可推广的经验。
段进 中国科学院院士、东南大学教授	塑造具有江苏特色的、人居环境优良的宜居城市，需要形成在地性模式。把握城乡建设目标与方向的转变，更加强调人性化建设。注重工作方法的转变：在落地的环节整合和细化各种技术标准；在技术管理上形成平台，进行智能化、信息化管理。
施设 中国勘察设计协会理事长	宜居城市建设不同阶段的指标体系要有所侧重，初期可以将安全、环保、健康等要素作为第一类指标，第二类指标则考虑便利性、生活成本、生态环境、文化特色、美观等。宜居城市建设需落实资金筹措方案，避免重复投资和扰民。还要加强城市咨询、建设和运维管理。
张泉 中国城市规划学会副理事长、江苏省城市科学研究会副理事长兼秘书长	江苏在人居环境改善方面具有较好的实践基础，下一步可以通过宜居城市联席会议、宜居城市高层论坛、"宜居城市"奖项等方式，建立常态化的工作机制，让宜居城市成为一面行业旗帜。

仲继寿 中国建筑学会秘书长	宜居建设要看细节，例如围绕健康和幸福，建议急救设施接口覆盖小区和公共场所，建设水电环境安全的移动医院等健康基础设施。在长效管理方面，要引入后评估机制，特别是对以奖代补等政策的后评估，让政策能够更完善。高品质的城市环境应该倡导不断地修正和精进，久久为功。
吴唯佳 清华大学教授	宜居城市建设的根本目标是解决不均衡、不充分的问题，强调公平性和包容性。在不同城市、不同地区，因地制宜形成不同的建设重点。例如对于大城市来说，应解决城市病，建设完整社区、宜居街区、智慧城市。对于小城市、小城镇来说，应解决基本公共服务不足的问题，完善基础设施。
唐建国 上海城市建设设计研究总院总工程师	江苏是水乡，城市水环境质量与宜居城市建设密切相关，所以宜居城市建设要与消除黑臭水体、污水处理提质增效等结合起来，推动再现清水绿岸、鱼翔浅底的美丽景象。

" 显特色提品质，创新再造新时代人居典范 "

贾建中 中国风景园林学会秘书长	在生态文明的大背景下，园林绿化建设应该引起高度重视，江苏要依托园林城市建设优势，在继续全面提升的基础上，补短板、出精品、布绿心、构网络，打造宜居城市亮点。
何昉 全国工程勘察设计大师、北京林业大学教授	新时期的江苏宜居城市建设应挖掘古典理想人居环境模式的内涵，创新再造新时代人居典范。从牡丹亭到城际风景走廊，塑造城市间风景文化廊道。从大观园到公园城市，建设园林、建筑融为一体的城市。通过恢复、种植自然型次生林，促进自然山林和公园城市互动交融。
叶裕民 中国人民大学教授	通过人居环境改善，提高江苏短板区域的发展品质，推进一体化发展。引导村民集中居住，避免乡村衰退型收缩。以城市的标准建设县城（强镇）基础设施和公共服务，将其建设成新型城镇化的重要空间载体。以小户型健康租赁住房市场化供给为载体，促进城中村系统更新。
韩冬青 东南大学教授	宜居城市的江苏模式要基于特定的地理区域、经济发展进程、文化传承背景。在江苏，集约化和宜人化要一起发展。促进设计理论到落地的全链接，不要做割裂的工程，而要形成高质量、系统性的宜居城市。
夏铸九 台湾大学名誉教授、东南大学童寯讲席教授	充分发挥全球都会网络中的节点角色，重新定义适合江苏的、具经济活力的、适合较高人口密度的、适合区域生态环境治理的、能强化文化特色和市民认同感的城市宜居性，将物理空间与社会并举，充分考虑市民角色的都市包容性。
丁沃沃 南京大学教授	宜居城市建设不仅要对标，而且要定标。江苏应尊重现实条件，结合水网密集、高密度发展的特征，创造宜居标准。建议尽早建立科学化管理机制，以城市物质空间数据化平台指导建设。
武廷海 清华大学教授	宜居城市建设是新时代城乡建设的"牛鼻子"。宜居城市指标要回到基本，要不忘初心：切实改善人民的居住环境，建设美丽家园与和谐社会。客观指标的重点是住房和人居，主观指标也要纳入评价视野。